Liderança
NA VISÃO ISLÂMICA

Ali Mazloum

Liderança
NA VISÃO ISLÂMICA

**VONTADE, AMOR E SACRIFÍCIO
NO CAMINHO DA PROSPERIDADE**

© 2024 - Ali Mazloum
Direitos em língua portuguesa para o Brasil:
Matrix Editora
www.matrixeditora.com.br
/MatrixEditora | @matrixeditora | /matrixeditora

Diretor editorial
Paulo Tadeu

Capa, projeto gráfico e diagramação
Danieli Campos

Colaboradores
Amir Mazloum
Walid Mazloum

Revisão
Silvia Parollo

CIP-BRASIL - CATALOGAÇÃO NA PUBLICAÇÃO
SINDICATO NACIONAL DOS EDITORES DE LIVROS, RJ

Mazloum, Ali
Liderança na visão islâmica / Ali Mazloum. - 1. ed. - São Paulo: Matrix, 2024.
152 p.; 23 cm.

ISBN 978-65-5616-478-6

1. Liderança - Filosofia islâmica. 2. Autorrealização (Psicologia). I. Título.

24-92533   CDD: 158.4
                                                CDU: 316.46

Gabriela Faray Ferreira Lopes - Bibliotecária - CRB-7/6643

Sumário

Nota explicativa 13
Nota à nova edição 15
Apresentação 17
1. Introdução 21
    Breve esclarecimento 23
    Por que liderar? 26
2. O caminho 29
3. Missão de vida 33
4. Liderança 37
    Conceito de liderança 39
    Poder e autoridade 40
    Diferença entre poder e autoridade 41
5. Identificando um líder 43
    Ensinar e envolver 45
    A essência 46
6. A dinâmica da liderança 49
    Vergar o arco 51
    Centro gravitacional 52
7. Relacionamentos 55
    Tempero 57
    Aprenda a relevar 59
8. Paradigmas 61
    Mudando os mapas 64
    Organização empresarial 67
    Necessidade e vontade 72
    Identificando necessidades 73
    Ajudar muito atrapalha 75

9. Serviço ... 77
    A trajetória de um líder ... 79
    A força da autoridade ... 83
    Servir ... 85
    Amor é comportamento ... 88
    Vontade ... 88
    Liderança a serviço ... 91

10. Amor ... 93
    Amor ação ... 96
    Atributos de um líder ... 98

11. Ambiente ... 115
    Depósitos e retiradas ... 118
    Mudar é preciso ... 121

12. Escolhas ... 123
    Responsabilidade ... 125
    Nossas escolhas ... 127
    Hábitos ... 129
    Caráter ... 130

13. Prioridades ... 133
    Problemas imaginários ... 135
    A regra 20/80 ... 135
    Unidos somos mais fortes ... 137

14. As recompensas ... 139
    Faça alongamento ... 141
    Encontrando a felicidade ... 142

Índice remissivo ... 145

Anexo ... 147

Referências bibliográficas ... 149

Dedico este trabalho a todas as pessoas que acreditam em Deus e nele confiam, independentemente da religião que seguem. Amar a Deus e ao próximo está acima de ritos, siglas ou rótulos. Crer verdadeiramente no Senhor é aceitar os Seus Livros, Seus Anjos, todos os Seus Mensageiros e o Juízo Final, cujo prenúncio se dará com o retorno de nosso amado Jesus Cristo (AS)[1].

---

1 Sobre as siglas AS, S e R, utilizadas ao longo deste trabalho, são abreviaturas de expressões respeitosas utilizadas logo após a menção a determinadas pessoas. A sigla "AS", referente a Alaihis Salam, significa "Que a paz esteja com ele" e é usada após a citação do nome de outros profetas ou anjos de Deus. O "S" refere-se a Salal-láhu alaihi wa sallam, cuja tradução é "Que Deus o abençoe e lhe dê paz", e é utilizado após a citação do Profeta Muhammad (S). E a sigla "R" representa a expressão Radhial-láhu anh, cuja tradução é "Que Deus esteja comprazido com ele (ou ela)", utilizada após a citação do nome de qualquer um dos companheiros do Profeta (S). N. do A.

Era um dia de muita dor. Recebi uma carta, na qual estava escrito:

"Quem passou por esta vida em brancas nuvens
E em plácido repouso adormeceu.
Quem passou por esta vida sem sofrer,
Nem sentiu o frio da desgraça.
Este foi só espectro de homem.
Sim, passou pela vida... Mas não viveu.
No fim,
Os privilegiados são os guerreiros,
Os que tiveram fé e força,
Os que se empenharam em fazer justiça.
Não desista de lutar".

Com amor, Amália

Obrigado, filha!

Agradecimentos

Agradeço enormemente a todos os que colaboraram direta ou indiretamente para a concretização deste livro. Primeiramente, ergo minhas mãos aos céus e agradeço ao Criador. Deus é luz sobre luz; a todos os que O procuram Ele ilumina. De maneira particular, expresso minha gratidão à minha família pelo exemplo e pelo apoio. Aos meus pais, Mohamad e Khadige (*in memoriam*). À minha esposa, Mariam, pela dedicação. Walid, pelo incentivo. Amir, inspiração para o título deste livro. Amália, pela formulação das ideias. Aos meus irmãos, especialmente Ahmad, pela motivação, pela discussão e pelas constantes lições espirituais; Abdo, pela objetividade nas sugestões. Agradeço aos estudiosos e tradutores que nos permitiram conhecer o conteúdo de valiosos textos escritos na língua árabe. Gostaria de agradecer a todas as entidades muçulmanas no Brasil pela dedicação. Agradeço a todas as pessoas maravilhosas com as quais tenho o prazer de compartilhar essa jornada da vida. Aos jovens que acreditam. A todos os que amam a justiça. Obrigado.

Nota explicativa

A autenticidade da Mensagem de Deus e das tradições do profeta Muhammad (S) sempre foi motivo de grande preocupação entre os muçulmanos. Por isso, ainda no califado de Omar Ibn Abdul Aziz (ano 101 da Hégira), designou-se um grupo de sábios e religiosos para fazer o registro das sunas (costumes) e dos hádices (ditos) do Profeta (S). Buscava-se não apenas estudar tais tradições, mas também chegar à fonte de cada narrativa. Desse modo, a própria credibilidade do narrador original era submetida a estudos rigorosos. Ao longo do tempo, muitos sábios se destacaram nesse árduo trabalho de registro histórico, podendo-se citar, entre outros, Bukhári, Musslim, Abu Daúd e Tirmizi.

Com base nesse intenso trabalho de resgate e registro das sunas e dos hádices, uma importante coletânea de cerca de duas mil tradições do Profeta (S) deu origem a uma famosa obra denominada *O Jardim dos Virtuosos*, de autoria do Imam Nawawi, homem virtuoso nascido na Síria no ano 631 da Hégira (correspondente ao ano 1233 da era cristã).

Pois bem, todas as citações dos ditos do Profeta Muhammad (S) feitas neste livro foram tiradas da obra *O Jardim dos Virtuosos*, de Nawawi, cuja tradução para o português é do professor Samir El Hayek, referido na bibliografia. Após cada dito foi colocada a fonte entre parênteses. Exemplo: (Bukhári – JV – 87:212), em que "Bukhári" é o nome do sábio coletor da narrativa, "JV" refere-se à obra *O Jardim dos Virtuosos* e "87:212" remete à página e à respectiva numeração dada ao dito no livro *O Jardim dos Virtuosos*, na versão em português. A expressão "Mutaffac alaih" representa consenso entre todos os sábios a respeito de algum dito do Profeta (S).

Nota à nova edição

Vivemos tempos estranhos. Guerras e catástrofes climáticas têm afetado a saúde e o bem-estar da população. Vejo pessoas absortas, vagando em seus pensamentos, sem destino, deixando-se levar pelos acontecimentos. A economia mundial em risco, empresas em dificuldades e famílias com o orçamento escasso. É preciso agir.

Depois de várias tiragens da primeira edição, animei-me a atualizar este livro e lançar esta nova, agora com a especial colaboração de Amir Mazloum e Walid Mazloum. Com a família maior, esta edição é dedicada a todos os seus membros, em especial às minhas noras, Lamis Anka e Afnan Fares, e a meus netos, Sumaya, Mohamad e Ali (Alushi).

Diretrizes seguras fazem-se necessárias. Só uma boa liderança pode indicar caminhos para superar adversidades.

Continuo com a sólida esperança de um mundo melhor. A liderança empregada com fins lícitos e justos é o diferencial de que necessitamos. Que surjam líderes estadistas preocupados em reconduzir a paz entre os povos, capazes de cuidar do meio ambiente com amor e dedicação, tornando nossa casa, o planeta Terra, um lugar digno de se viver.

Que cada um faça a sua parte da melhor forma possível!

Apresentação

·•·⊰≼◇≽⊱·•·

A presento ao caro leitor esta singela obra, fruto de reflexões e estudos acerca de tema altamente estimulante, cuja concretização exige vontade, amor e sacrifício: liderança. Saber não é o mesmo que fazer. Por isso, não basta conhecer os princípios que regem a liderança; é preciso ter força de vontade e coragem para aplicá-los. Aristóteles, filósofo e educador grego, disse com muita propriedade: "A coragem é a primeira qualidade humana, pois garante todas as outras".

Ultimamente, o assunto tem percorrido os mais variados ambientes da sociedade brasileira. Nas escolas, nas empresas, em órgãos privados e públicos, em instituições religiosas, todos querem saber mais sobre a arte de liderar. E por quê? Em última análise, todos querem encontrar meios de realizar mais com menos, vale dizer, busca-se a excelência. O processo para chegar ao ápice, entretanto, exige sacrifício.

O islamismo surgiu na Península Arábica, liderado pelo Profeta Muhammad (S). Suas pegadas são atualmente seguidas por cerca de 2 bilhões de muçulmanos. Qual é o segredo de tamanha liderança?

A essência deste livro se assenta nos ditos e exemplos desse grande Profeta. Para reforçar a compreensão de suas tradições, fazemos citações de pensadores do mundo todo, do Ocidente ao Oriente, apenas para que sirva de ponte de entendimento.

A liderança de que se trata aqui é aquela exercida a serviço de um propósito legítimo e lícito. Por isso é duradoura. Você deve ter notado que não estamos falando de liderança como forma de atingir o poder pelo poder. A liderança como forma de manipulação é um desserviço, uma tirania, uma grande farsa para satisfazer interesses meramente pessoais.

O pacato chefe de família tenta encontrar soluções para os infindáveis problemas domésticos. A mulher moderna quer marcar posição nas áreas de sua atividade. Profissionais altamente atarefados querem encontrar mecanismos que facilitem a realização de suas extenuantes tarefas. A empresa quer se expandir. Em tais situações, a liderança pode ser um precioso mecanismo para alcançar esses objetivos.

Porém, liderança exige do aspirante a líder muita entrega, paciência, perseverança, luta e fé. Quem almeja liderar deve estar preparado espiritualmente. Independentemente de sua religião, é importante ter fé verdadeira, acreditar e confiar em Deus, pois Ele é o Provedor.

Quando as coisas estiverem difíceis, parecendo impossíveis, lembre-se de que Deus é o grande especialista em resolver coisas que ninguém mais pode fazer.

Espero, com muita sinceridade, poder contribuir de alguma forma. Faça do seu dia, de cada dia, o melhor dia desta jornada. Boa sorte!

Ali Mazloum

1

Introdução

·•·⊂⊃«◊»⊂⊃·•·

Deus é digno de confiança. Sua vontade pode parecer misteriosa, mas nunca está errada. Ele não abusa de nós, não nos manipula nem nos desvia do caminho. Deus não tem falha. Ele representa a perfeição. Deus é a verdade. Deus é luz. Louvado seja. Glorificado sempre.

Caro irmão, cara irmã, onde quer que você esteja nesta jornada chamada vida, independentemente do lugar em que esteja trabalhando, da posição que ocupa, de sua situação atual, de sua idade, etnia, cor, credo ou condição de saúde, tenha a certeza de que Deus, Altíssimo, pode estar preparando você para uma grande surpresa, pois é com ela que Ele constatará a sua fidelidade.

Você pode conseguir algo muito valioso, poderá experimentar grande prosperidade ou, quando menos esperar, ver algo lhe ser retirado. Na prosperidade ou na adversidade, você estará sendo provado. Acredite que Deus nos dá coisas apenas para que aprendamos a devolvê-las a Ele. É Dele o que Ele leva; É Dele o que Ele dá.

Atingido pelo mal ou acariciado pelo bem, sempre ore e peça: "Quero ser capaz de abrir o Livro Sagrado (Alcorão – o muçulmano acredita nos demais livros: Torá, Evangelho e Salmos) e encontrar ajuda e direção. Caso não consiga achar respostas, quero aprender a confiar e esperar no Senhor, mesmo sem entender as razões ocultas nos acontecimentos. Quero ter paz interior durante todo o processo, quero poder alcançar a alegria plena e verdadeira".

Todos nós temos uma missão a cumprir nesta vida. Não estamos aqui por acaso. Devemos atuar imbuídos da ideia de tornar melhor o mundo em que vivemos. E Deus poderá feri-lo com muita profundidade para usá-lo na realização de Seus planos.

Saiba que, apesar do que você quer, das situações que possa estar enfrentando agora, daquilo que os outros pensem ou digam a seu respeito, apesar de como você se sente, Deus e somente Deus realiza o grande plano divino. Saiba que, no final, tudo será esplêndido. Não entenderemos a razão de uma porta ter-se fechado até que passemos pela porta que foi aberta. Siga em frente, mesmo quando a tempestade parecer não ter fim. Não há noite mais longa que não dê lugar à luz do dia.

Breve esclarecimento

Para falar de liderança de um ponto de vista islâmico, é preciso estar de mente aberta, liberta de preconceitos e, especialmente, com vontade aguçada de aprender ou, ao menos, de ver as coisas por outro ângulo. Esteja com o espírito desarmado.

Todos nós vivemos em busca de felicidade. Para alcançá-la, o ser humano estuda, trabalha, luta, corre, casa-se, tem filhos, enfim, faz o que acha que deve ser feito. Essa busca frenética se dá ainda que não se saiba ao certo o que é felicidade.

Para muitos, felicidade é ser rico, famoso e importante. Jogador de futebol, ator e atriz, cantor e cantora ou modelo são algumas das atuais atividades que têm frequentado os sonhos de muitos de nossos jovens. Todos querem ser ricos e famosos, mas a maioria não age de acordo com esse querer. O imediatismo atrapalha! Alguns não conseguem agir; outros estão perdidos e não sabem que direção tomar; há quem não acredite que pode ou falta-lhe orientação.

E por que esse paradoxo? Essa contradição se explica. O jovem quer ser rico e famoso, mas sabe que o caminho é árduo, e o querer passa a exigir muito mais esforço do que ele está disposto a investir. Por outro lado, o agir, para alguns, é abdicar de prazeres sem os quais não querem ficar. Mas, para os que acham estar perdidos, talvez falte erguer um pouco a cabeça e olhar para a frente. Para os que não acreditam em si mesmos, o caminho pode estar na busca de ajuda, admitir suas fraquezas e pedir orientação. Ou, quem sabe, voltar-se a Deus em oração.

Essa falta de visão da realidade tem levado o jovem a percorrer caminhos aparentemente mais fáceis na busca de seus objetivos. Alguns acabam assumindo posturas danosas, enganando, mentindo e enveredando para o crime (fraudes, golpes, drogas etc.). Não tem sido diferente com o jovem muçulmano. No Ocidente, alguns têm se afastado da religião por considerá-la um entrave para o seu desenvolvimento pessoal.

Muitos são os motivos que levam o jovem muçulmano, e de outras crenças, a se afastar da religião, e destaco estes como os principais:

- Para não ser diferente das pessoas com quem convive (o jovem vê a religião como um problema social – dedicar-se a Deus o afasta de amizades, de lugares vibrantes, como bares, danceterias etc.).
- Receio de assumir sua religiosidade, em razão do que os outros podem pensar a respeito de suas crenças (aqui, a religião é colocada como um empecilho à sua autoafirmação – problema psicológico. Por exemplo, o jovem sente-se inferior àquele que sai falando de suas conquistas amorosas, de seus pequenos golpes, atos de perversidade etc.).
- Alguns acham complicados os rituais religiosos, considerados um atraso para a realização de seus negócios (obstáculo ao desenvolvimento profissional – problema material. A religião, para alguns, é um retrocesso, não se coaduna com o jogo do mundo dos negócios, cada vez mais rápido e competitivo).

É preciso desmistificar essa questão. O principal problema do afastamento de alguns jovens de sua religião está na falta de informação ou na proliferação de falsas informações a respeito dela. O desconhecimento do verdadeiro sentido da própria religião vem crescendo. O islamismo não tem nada a ver com frustrações pessoais. É na palavra de Deus que está o verdadeiro sucesso, a chave para a felicidade. As palavras imutáveis de Deus não deixam dúvida:

"Dizei: Cremos em Deus, no que nos tem sido revelado, no que foi revelado a Abraão, a Ismael, a Isaac, a Jacó e às tribos; no que foi concedido a Moisés e a Jesus e no que foi dado aos profetas por seu Senhor; não fazemos distinção alguma entre eles, e a Ele nos submetemos" (Alcorão – A Vaca 2:136).

"Prescreveu-vos a mesma religião que havia instituído para Noé, a qual te revelamos, a qual havíamos recomendado a Abraão, a Moisés e a Jesus (dizendo-lhes): Observai a religião e não discrepeis acerca disso [...]" (Alcorão – A Consulta 42:13).

"Ó humanos, em verdade, Nós vos criamos de macho e fêmea e vos dividimos em povos e tribos, para reconhecerdes uns aos outros. Sabei que o mais honrado, dentre vós, ante Deus, é o mais temente. Sabei que Deus é Sapientíssimo e está bem inteirado" (Alcorão – Os Aposentos 49:13).

"[...] uma vez praticada a oração, dispersai-vos pela terra e procurai as graças de Deus, e O mencionai muito para que prospereis" (Alcorão – A Sexta-feira 62:10).

Nessas singelas, mas contundentes e precisas palavras de Deus, fica demonstrado que a religião não impede que se busque também o ganho material e a realização no trabalho. Ao contrário, recomenda-se competência plena nas atividades profissionais, o que pode ser feito sem o abandono de um trabalho paralelo para suprir necessidades espirituais. O vazio que muitos experimentam, mesmo depois de chegar lá, nada mais é do que o sintoma de um coração igualmente vazio do Divino. Isso é consequência de se alimentar muito a carne e deixar o espírito desnutrido.

Além disso, o islamismo não impede o desenvolvimento pessoal de quem quer que seja. Somos homens entre homens e devemos falar de igual para igual com nossos semelhantes. Procure enxergar as semelhanças e não as diferenças. Embora divididos em povos, devemos nos conhecer, trocar experiências, ajudar uns aos outros.

Por fim, repare que as religiões monoteístas (judaísmo, catolicismo ou islamismo) têm a mesma essência: submissão a Deus. Somos todos descendentes de Adão (AS) e filhos de Abraão (AS). O verdadeiro muçulmano crê em todos os Livros (Torá, Evangelho, Alcorão e Salmos) e em todos os profetas e mensageiros de Deus (Noé, Abraão, Moisés, Jesus, Muhammad, entre muitos outros). Portanto, acreditamos no que um cristão ou um judeu acredita. Se alguns deles não acreditam no que acreditamos, então você deve se perguntar: será que eles acreditam verdadeiramente no que deveriam acreditar?

Você já deve ter ouvido falar daquele homem veraz, paciente e leal que decidiu construir uma casa para a sua família. Com muito sacrifício, deu início à obra. Terminada a primeira fase do projeto, convidou as pessoas para conhecerem o primeiro piso. Passado algum tempo, depois de outra dose de sacrifício, levantou o segundo piso. Novamente, convidou muitas pessoas para conhecerem aquela nova parte da casa. Algum tempo depois, para completar o projeto, o perseverante homem atingiu o terceiro piso da casa. Mais uma vez, convidou muitas pessoas para conhecerem aquela última etapa do projeto.

Bem, esta é a casa de Abraão (AS), onde todos habitamos. Pode-se até entender a preferência de ficar em um dos locais da moradia, mas daí a não aceitar ou não reconhecer a existência dos outros pisos é recusar a verdade, é não querer olhar para a própria casa. Antes de criticar ou de agir com intolerância, melhor seria conhecer todo o edifício. O construtor é o mesmo, a casa é a mesma, a família é uma só.

Procurem, pois, outras desculpas para as frustrações do dia a dia. A religião nada tem a ver com isso. Os mapas é que devem estar errados, pois não se caminha pelo Centro de São Paulo usando o mapa do Cairo. As coisas ficam mais fáceis quando nos conscientizamos de que o importante não é ser famoso, mas ser talentoso naquilo que faz.

Por que liderar?

Que legado você gostaria de deixar para seus filhos e para as demais pessoas que ama? Você gostaria de poder influenciar positivamente os seus filhos? Que empresário não gostaria de fazer com que os seus colaboradores fizessem aquilo que deve ser feito de forma eficiente – rápida, segura e corretamente? Que pai ou mãe não gostaria de melhorar o relacionamento com o filho? Que adolescente não desejaria manter um bom diálogo com seus pais? O casal não deseja, por acaso, voltar a ter aquele bom relacionamento dos velhos tempos?

As respostas a essas perguntas são um forte indicativo do porquê de liderar. Perceba que espaços vazios existem para serem preenchidos. Onde houver espaço vazio, logo ele será ocupado por alguém. Se você não explorar adequadamente o potencial de sua empresa, saiba que algum concorrente o fará. Se você não dialogar com seus filhos, alguém falará com eles. Você não liga para essas coisas? Apenas pense que o seu filho, neste exato momento, poderá estar se relacionando com péssimos conselheiros.

Observe que não é somente na política, nas empresas, agremiações, comunidades, em casa ou na igreja – a liderança é essencial para encontrar o caminho certo da prosperidade. Você se verá na contingência de liderar no seio familiar, na escola, no bairro, então é muito importante que o faça da melhor forma, impedindo que espaços tão valiosos sejam indevidamente ocupados. Aproveitadores podem estar à espreita. Saiba, também, que todos seremos em algum momento líderes e, em outros, liderados, pois isso faz parte da dinâmica da vida em sociedade. E quem não sabe ser liderado não será um bom líder.

Para grandes conglomerados econômicos, a simples mudança de uma liderança significou a falência do grupo. A liderança, portanto, pode ser o motivo do sucesso ou do fracasso de um empreendimento. Quantas famílias, também, não se dilaceraram depois da partida do patriarca ou da matriarca (líder)? Era a liderança que mantinha a união.

Para liderar eficazmente é preciso mudar. Seguir em frente. Alexandre Magno, rei da Macedônia, um dos maiores líderes da Antiguidade, disse: "Só as vitórias disputadas com esforço e perseverança são dignificantes".

Liderar não é um luxo, é uma necessidade. E, para exercer corretamente a liderança, é preciso mudar. Não existe fórmula mágica que provoque as mudanças almejadas. É na intimidade de seu ser, no coração, que as mudanças começam. Tudo depende de você mesmo, de suas escolhas e de praticá-las corretamente.

Lembre-se de que a porta do seu coração só se abre pelo lado de dentro – só você tem a chave. Comece agora a abri-lo, pois a vida é como uma breve passagem pela sombra de uma árvore. Por maior que seja a copa de sua árvore, a sombra será transposta, queira você ou não. Portanto, depende de você: abra a porta. Veja a fábula a seguir, adaptada de um autor desconhecido:

Numa terra em guerra, havia um rei que causava espanto. Cada vez que fazia prisioneiros, não os matava; levava-os para uma sala onde havia um grupo de arqueiros em um canto e, do outro lado, uma imensa porta de ferro pintada com sinistras figuras de caveiras. Nessa sala, o rei fazia seus prisioneiros formarem um círculo e então dizia:

— Vocês podem escolher entre morrer flechados pelos meus arqueiros ou passar por aquela porta misteriosa.

Todos os que ingressavam na sala, aterrorizados, não tinham coragem de abrir a porta; escolhiam ser mortos pelos arqueiros. Ao término da guerra, um soldado, que por muito tempo serviu ao rei, perguntou a ele:

— Senhor, posso fazer-lhe uma pergunta?
— Diga, soldado - anuiu o rei.
— O que há por trás da assustadora porta?
— Vá e veja você mesmo - respondeu o rei.

O soldado, então, desconfiado, abre vagarosamente a porta, e raios de sol vão adentrando e clareando o ambiente, até que, quando a porta está totalmente aberta, ele nota que a passagem leva a um caminho rumo à liberdade. O soldado, perplexo e sem conseguir dizer uma única palavra, olha para seu rei e ouve a explicação:

— Meu jovem, eu dava a eles a escolha, mas preferiam morrer a se arriscar a abrir a porta.

Sua empresa precisa de um líder; sua equipe de vendas será eficaz com uma boa liderança. Por trás de uma família bem estruturada, certamente encontraremos uma boa liderança, seja do pai, seja da mãe ou de algum outro membro da família.

2

O caminho

※⸻◈⸻※

As ideias que passarei a expor não são minhas. Tomei-as emprestadas do Livro sagrado de Deus, o Alcorão, e dos exemplos deixados por seu Profeta Muhammad (S). Também contribuíram ativamente para a estruturação do trabalho homens de reconhecida sabedoria, como Platão, Sócrates, Gandhi, entre outros, além de estudiosos no assunto em pauta, citados como forma de aclarar ensinamentos de uma cultura que ainda sofre com a incompreensão e a intolerância. Abra seu coração!

Como resultado de exaustivos estudos, criteriosas e aprofundadas análises, além de experiências pessoais, foi-me possível reunir importantes princípios e estabelecer caminhos para dar forma a esse trabalho. Ordenar as sábias lições colhidas e colocá-las sob reflexão possibilitou a abertura de algumas portas que nos conduziram a importantes respostas relacionadas com o nosso assunto principal: liderança.

Pretendo ser exato com os fatos que se relacionam com o assunto principal. Ser claro, isto é, não usar termos técnicos e clichês sem sentido.

Fazer comentários relevantes, explicando como essas ideias e sugestões podem ser colocadas em prática. Peço a Deus que lance um facho de luz na estrada que percorreremos juntos.

Imagino que seria puro egoísmo de minha parte manter preso em minha mente o mapa descoberto a partir do aprendizado com os ilustres mestres anteriormente referidos. Pouco se fala sobre liderança de uma perspectiva islâmica e do caminho para chegar a ela. A liderança é um tesouro que pode ser alcançado se você tiver o mapa nas mãos e disposição para percorrer o maravilhoso caminho nele traçado.

Minha esperança é alcançar um amplo grupo representativo do mundo atual – do jovem empreendedor, estimulado pela ideia de liderar outros jovens, ao alto executivo que convive na arena ameaçadora das decisões difíceis; dos pais modernos, diante das dificuldades de relacionamento com os filhos, ao casal que deseja reavivar seu matrimônio. A todos que querem melhorar. E todos podem.

É essencial esclarecer que o presente trabalho não tem caráter de pregação religiosa, mas visa à análise de um assunto instigante na visão de alguém submisso a Deus, que tem a plena consciência das notáveis palavras do físico italiano Galileu Galilei:

"Não se pode ensinar nada a um homem; apenas ajudá-lo a encontrar as respostas dentro de si mesmo".

3

Missão de vida

·••·❮◆❯·••·

Deus, Altíssimo, revelou no Alcorão Sagrado:
"E, deste modo (ó muçulmanos), constituímos-vos em uma nação de centro, para que sejais testemunhas da humanidade, assim como o Mensageiro o será para vós [...]" (A Vaca 2:143).

Em outra tradução do mesmo versículo:
"E, assim, fizemos de vós uma comunidade mediana, para que sejais testemunhas dos homens e para que o Mensageiro seja testemunha de vós [...]".

Deus impôs à nação muçulmana (submissa a Ele) uma grande responsabilidade, sobre a qual poucos têm refletido. Ser uma nação de centro significa ser a nação do equilíbrio, do meio-termo, longe de extremismos. É preciso humildade e honestidade para estar no centro dos acontecimentos, no centro das atenções. Vale dizer, é preciso ser um líder para poder estar no centro dos grandes problemas e buscar soluções.

Por outro lado, o encargo de testemunhar requer absoluta imparcialidade. Há que se ter compromisso com a verdade, sem nenhum interesse de ordem pessoal (individual ou coletivo). Para servir como testemunha é preciso ser imparcial. Somente um líder pode agir despido de qualquer outro interesse senão o de servir e ampliar os horizontes de sua equipe. Crescer junto!

Ser uma nação de centro e cumprir a condição de testemunha deve ser a grande missão de vida de todo aquele que se submete a Deus. É necessário, entretanto, ter legitimidade para se desincumbir dessa tarefa. A legitimidade vem do serviço. Quem serve tem autoridade para interferir nos acontecimentos.

Servir e interferir nos acontecimentos nos faz lembrar de um dos mais importantes líderes ativistas pelos direitos civis e do movimento negro nos Estados Unidos. Martin Luther King Jr., em agosto de 1963, à sombra do Memorial de Abraham Lincoln, cobrava diante de uma multidão de mais de 250 mil pessoas uma fatura vencida havia exatos cem anos. Exigia, de forma pacífica, o reconhecimento dos direitos civis de centenas de milhares de afro-americanos que viviam na mais absoluta miséria naquele riquíssimo país.

Naquela que foi a Marcha por Emprego e Liberdade, disse o prêmio Nobel da Paz: "Eu tenho um sonho (*I have a dream*) [...] de que um dia viverão numa nação onde não serão julgados pela cor da pele, mas pela essência do seu caráter". Foi um discurso de poucos minutos, mas que eletrizou o país e mudou para sempre o rumo da história da humanidade.

Deveríamos, pois, atuar nesta vida de modo a satisfazer esse mister ou ministério – ser a nação de centro. Mas os muçulmanos de hoje são diferentes dos primeiros muçulmanos. Das conquistas passadas, vivemos hoje o preconceito, a incompreensão e a perseguição, o estereótipo falso da religião belicosa.

O que os primeiros muçulmanos tinham e que os atuais perderam? A pergunta é relevante. Os muçulmanos de outrora pregaram em lugares inóspitos, enfrentaram extrema dificuldade. Expandiram a religião, conquistaram corações e dominaram o mundo de então. Os atuais, muito mais numerosos (cerca de 2 bilhões de fiéis, é a religião que mais cresce no mundo), vivem divididos, acuados e em constante ameaça.

Parece faltar um pouco de tudo aos muçulmanos, mas, com certeza, estamos extremamente carentes de LIDERANÇA. Não me refiro apenas à liderança política ou no trabalho. É extremamente importante a liderança que devemos praticar dentro de casa, na família. Muitas famílias estão hoje desestruturadas por falta de uma liderança saudável. Você pode não querer ser um líder político, um líder estudantil, um líder religioso, mas dentro de sua casa é essencial que os bons exemplos dominem o ambiente. Não há nação sadia sem que haja famílias saudáveis.

Os estudos, observações e experiências vivenciadas deixaram-me convencido de que essa LIDERANÇA perdeu-se em algum lugar do passado, nessa longa trajetória de catorze séculos desde o surgimento do Islã. Os muçulmanos de outrora eram líderes dentro de casa, nas ruas, nas escolas, no trabalho e na política e, por isso, experimentaram grande avanço e sucesso. Serviram ao próximo com a medicina, a tecnologia, o comércio e os bons exemplos.

É essa liderança que procuramos resgatar. Como um homem nascido no ano 570 d.C. conseguiu mover tanta gente? Quais os segredos para tamanho sucesso?

Repare que não é de qualquer liderança que estamos falando, mas da verdadeira, única, saudável e perene liderança. Não se trata de opressão, poder de mando, prestígio, *status*, regalias. Liderança não é isso, como muitos pensam. Liderança tem a ver com caráter e busca do bem comum, conforme veremos.

4

Liderança

···⊰◊⊱···

Em abono às ideias iniciais apresentadas nos capítulos anteriores, especialmente a respeito da carência de liderança, socorre-me profundo e significativo dito do Profeta Muhammad (S): "Cada um de vós é um pastor e cada um de vós tem responsabilidades para com os que estão ao seu encargo. O líder é um pastor e tem responsabilidade para com o seu povo; o homem é um pastor em sua família, e tem responsabilidade para com ela; a mulher é uma pastora na casa de seu marido, e tem responsabilidades para com a sua família; e o servente é um pastor na propriedade do seu patrão, e tem responsabilidades para com ela. De sorte que cada um de vós é um pastor, e tem responsabilidades para com o que esteja a seu encargo" (Mutaffac alaih – JV – 106:300).

O "pastor" citado nada mais é do que o líder de que falamos. No enunciado, o Profeta (S) deixou claro que são termos sinônimos. Pastor, originalmente, é aquele que cuida do rebanho. É o guardador, o que conduz o rebanho. Em virtude disso, é lógico entender que "pastor" designa, também, o mentor espiritual de um grupo. Aquele que cuida, guarda, conduz e instrui exerce a função de líder. Deve influenciar seus liderados, pelos quais é responsável, a agir da melhor forma. Assim, o que o Profeta (S) revela no enunciado é que todos devemos, dentro da órbita de nossas competências, liderar, influenciar pessoas na busca do bem comum.

Mas atenção: exercer cargo de chefia não significa ser líder. Um bajulador em uma empresa ou órgão pode até ser promovido a um cargo de chefia, mas poderá não ter liderança alguma. Quando empregamos o termo "líder" neste livro, estamos nos referindo àquele que exerce liderança, não ao mero adulador ou baba-ovo, como são vulgarmente chamados esses bajuladores.

Conceito de liderança

Tomando de empréstimo o mesmo dito do Profeta (S) citado anteriormente, dele podemos extrair algumas ideias essenciais à conceituação de liderança. O líder é alguém que tem pessoas a seu encargo. Essas pessoas são-lhe, ou pelo menos deveriam ser, muito valiosas: governados, familiares, colaboradores, associados etc. O líder responde por seus atos, ou seja, é alguém dotado de responsabilidade.

Portanto, tendo a seus cuidados pessoas que lhe são valiosas, o líder deve procurar satisfazer às suas necessidades. Deverá guiá-las, orientá-las, sempre buscando o bem-estar de todos. Na busca do bem comum, o líder deve fazer com que seja seguido. Ele conduz, guia seus liderados. Por isso é responsável por eles. Vale dizer, deverá desempenhar do melhor modo possível a sua missão, pois responderá por seus atos.

Com base nessas considerações, podemos dizer que liderança é a capacidade de influenciar pessoas, sacrificando-se por elas, a participar do processo de busca do objetivo proposto. Na definição de liderança de James C. Hunter, consultor norte-americano autor de *O monge e o executivo*:

"Liderança é a habilidade de influenciar pessoas para trabalharem entusiasticamente, visando atingir os objetivos identificados como sendo para o bem comum".

Liderança é, pois, a habilidade de motivar pessoas para que realizem os objetivos propostos. Usou-se o termo "habilidade" por se tratar de uma capacidade adquirida, e não genética ou herdada. E os termos "influência" ou "motivação" são usados no sentido de levar pessoas a fazer o que desejamos. Frise-se que as pessoas fazem o que queremos por vontade própria ou quando são obrigadas. No primeiro caso existe autoridade, no segundo, apenas poder.

Podemos concluir que liderança é a arte de envolver pessoas. No envolvimento há comprometimento, que deve ser natural, não imposto pelo medo. Com efeito, que empresa vende melhor os seus produtos e serviços? Aquela em que a equipe segue ordens por medo de perder o emprego ou aquela que segue as diretrizes por acreditar nelas?

Em outras palavras, a equipe que trabalha por temor ao chefe não é igual àquela que está comprometida com os propósitos do líder e com a missão da empresa. É preciso, pois, entender bem a diferença entre chefiar e liderar, ter poder e ter autoridade.

Poder e autoridade

Poder é a faculdade que uma pessoa tem de forçar ou coagir alguém a fazer sua vontade, por causa de sua posição ou força.

Autoridade é a habilidade de levar as pessoas a fazerem de boa vontade o que você quer por causa de sua influência pessoal.

O pai ou a mãe têm poder em sua casa. O chefe tem um cargo de poder. O diretor tem poder na escola, o padre dita sua doutrina. Porém, é possível que nenhum deles tenha autoridade. O exercício de poder se dá assim: "Se sair de casa hoje, corto sua mesada", diz o pai ou a mãe ao filho; o chefe, por sua vez: "Aumente as vendas ou estará demitido"; o diretor diria ao aluno: "Caso falte à aula, estará suspenso".

Sob o influxo da autoridade, a dinâmica do convencimento não está na ameaça de punição, mas na capacidade motivacional do líder, no envolvimento de seus liderados. O exercício da liderança poderia arrebatar reações como estas: "Vou fazer isso porque papai me pediu"; "eu atravessaria um rio a nado para atender ao pedido de meu chefe"; "comprometi-me com o diretor a jamais faltar na escola".

Portanto, pode-se estar num cargo de poder sem ter autoridade sobre as pessoas, ou pode-se ter autoridade sobre os outros sem estar numa posição de poder. Sob poder, as pessoas simplesmente cumprem ordens por receio de punição; sob autoridade, as pessoas seguem, de corpo e alma, os passos do líder.

Relata um companheiro do Profeta (S):

"Comprometemo-nos junto ao Mensageiro de Deus (S) a escutá-lo e a obedecer-lhe, tanto em tempos de escassez como de abundância, e em situações tanto favoráveis como adversas, e concordamos com que ele tenha prioridade sobre nós. Do mesmo modo, concordamos com que não disputaríamos as ordens da autoridade legítima, a não ser que ficasse comprovada a sua evidente infidelidade, fruto de concludentes provas provenientes de Deus. Portanto, era preciso que disputássemos sempre com a verdade e a equidade, onde quer que estivéssemos, pela causa de Deus, sem temor algum às críticas ou às pressões" (Mutaffac alaih – JV – 79:186).

O Profeta (S) exercia na plenitude autoridade sobre o seu rebanho. Por outro lado, as pessoas faziam de bom grado aquilo que lhes era recomendado. Não havia coação, apenas influência pessoal, envolvimento.

Diferença entre poder e autoridade

A principal diferença entre poder e autoridade é esta: o poder pode ser vendido e comprado, dado ou tomado. Alguém pode herdar uma posição de mando, galgá-la em virtude de parentesco ou amizade, alcançá-la por adulação. Já a autoridade é conquistada, diz respeito a quem você é como pessoa, ao seu caráter e à influência que estabelece sobre as pessoas. Depende de mérito pessoal, de quem você verdadeiramente é.

Em sua casa, você gostaria que sua esposa, marido, filho ou irmão respondessem ao seu poder ou à sua autoridade? Note que o poder já seria suficiente: "Leve o lixo para fora ou você será castigado!". Mas faça isso sempre e seu filho, um dia, se rebelará, irá embora. Isso porque o poder corrói os relacionamentos. Uma coisa é oprimir para obter o resultado pretendido; outra, completamente diferente, é convencer as pessoas a fazer, de boa vontade, o que deve ser feito.

Sem dúvida alguma, a forma correta de liderar é com autoridade. Aliás, essa é a única maneira de liderar verdadeiramente. Somente a liderança com autoridade encontra aceitação e, por essa razão, legitimidade.

E a liderança ocorre naturalmente, não é forçada. Conheço pessoas que querem liderar no seu campo de atividade, forçam a barra e não são aceitas. A conduta e a aplicação de técnicas relatadas neste livro definem o líder. A liderança deve ser conquistada, nunca imposta.

Liderança exige responsabilidade, tem um propósito que beneficia a todos. O trabalho em equipe é imprescindível para atingir as metas desejadas. Diz o Profeta (S):

"[...] jamais reivindiques um posto de autoridade; porque se te designarem o posto, sem teres pedido, eis que te ajudarão a cumprir com a sua responsabilidade. Porém, se te designarem porque o pedistes, então te deixarão a sós ante tal responsabilidade [...]" (Mutaffac alaih – JV – 389:674).

Para liderar, comece enxergando as pessoas como voluntárias (nunca como escravas). Seus familiares são voluntários, seus amigos são voluntários, seus vizinhos são voluntários. O voluntário é alguém que faz as coisas de corpo e alma, porque quer. Ele é livre e poderá ir embora a qualquer momento. Até mesmo os seus colaboradores na empresa são voluntários, pois estão livres para sair. Podem apenas cumprir tarefas ou realizá-las na plenitude. Lembre-se de que alugamos suas mãos, braços, pernas, intelecto, mas não alugamos seus corações, mentes, compromisso, excelência e criatividade.

Uma última palavra: liderança é postura, não posto!

5

Identificando um líder

···❦···

Se você trata os outros como gostaria de ser tratado, está apto a exercer liderança. O ser humano quer e gosta de ser respeitado. Um breve exercício irá ajudar na identificação de um líder. Pense em alguém que tenha exercido autoridade sobre você. Não se esqueça de que é autoridade (capacidade de influenciar), e não poder. Faça uma lista das qualidades dessa pessoa. Trabalhe com as características que você considera essenciais. Peça a um amigo que faça o mesmo, ou seja, elabore uma lista das principais qualidades do líder que o influenciou também. Troquem essas listas e veja se não são bastante semelhantes as qualidades que cada um listou.

Tais semelhanças devem-se ao fato de que todo líder, na essência, possui as mesmas qualidades. São elas que fazem o líder, e basicamente se constituem em honestidade, confiabilidade, bom exemplo, cuidado, compromisso, ser bom ouvinte, respeitador, encorajador, ter atitude positiva e entusiástica, ser empreendedor e justo.

Observe bem essas qualidades e reflita: será que já nascemos com alguma delas? A resposta é negativa, pois todas elas são comportamentos, e comportamento é escolha. Não são, portanto, qualidades herdadas geneticamente. Podem ser adquiridas, desenvolvidas, aperfeiçoadas, ensinadas. Estão ao alcance de todos. Basta querer.

O Profeta Muhammad (S), conforme revelou o Alcorão Sagrado (68:4), era dotado de nobilíssimo caráter. Em um de seus ditos, afirmou: "A bondade é o excelente caráter, e a malícia é o que se passa no teu interior, e que detestas que seja descoberto pelos demais" (Musslim – JV – 368:624).

Reconheça-se, entretanto, que existem pessoas sem poder de escolha, por incapacidade ou por opressão social, que acabam ficando à margem das oportunidades de desenvolver sua personalidade. A exclusão social ainda é grande. Por isso, é fundamental o papel que deve desempenhar a educação na formação do caráter das pessoas.

Portanto, quem engana, mente, humilha, nunca será um líder, mas apenas um chefe com prazo de validade curto.

Ensinar e envolver

Liderança com injustiça não funciona.

O Profeta Muhammad (S) possuía as melhores qualidades. O seu caráter nobre o fazia sempre alertar sobre a injustiça:

"[...] previne-te quanto às súplicas a Deus dos injustiçados, pois entre Deus e essas súplicas não existe barreira alguma" (Mutaffac alaih – JV – 86:208).

Entre outros ditos que evidenciam o bom caráter que um líder deve ter, citem-se estas qualidades:

"Aquele que usurpar o menor pedaço de terra será punido por Deus [...]"(Mutaffac alaih – JV – 86:206).

"Nada será mais preponderante na balança, no Dia do Juízo, do que a excelência do caráter; e, certamente, a Deus aborrece o grosseirismo e a indecência" (Tirmizi – JV – 369:626).

"O mais íntegro dos crentes, em matéria de fé, é o que tem caráter mais bondoso. E os melhores de vós são os de melhor trato em relação às mulheres" (Tirmizi – JV – 369:628).

Tais qualidades foram ensinadas a seus discípulos. O líder deve cuidar do desenvolvimento pessoal, profissional e espiritual de seus liderados. O bom líder é avaliado pelo desempenho de seu pessoal.

Repito, o primeiro passo para a liderança é tratar os outros como gostaria de ser tratado. Avançando, seja justo e honesto para angariar confiança. É um bom começo para se tornar um líder.

Veja que bom aprendizado: a expansão do Islã levou à construção de vários templos (mesquitas) nos territórios conquistados. No segundo califado, a construção de uma mesquita expôs lindas lições de humildade, honestidade e justiça. Para não desalinhar uma das paredes do templo, parte do terreno de um colono judeu foi invadida. Inconformado, o colono foi procurar o califa Omar (R), conhecido como "o justo", para reclamar seu pedaço de terra. O califa, que a todos recebia, após ouvir atentamente a reclamação, gravou uma frase em um pedaço de osso e disse ao colono que o entregasse ao comandante local. O colono assim fez, embora a mesquita já estivesse quase pronta. Imediatamente, o comandante mandou derrubar toda aquela parede. No osso estava gravada a seguinte mensagem: "Preferível justiça reta à parede torta".

É preciso ficar claro que não adianta apenas falar, pois o ouvinte logo esquece; nem apenas ensinar, já que o aprendiz pode lembrar-se ou não da lição; é necessário envolver, pois aí se aprende e aplica.

Segundo relatos de companheiros do Profeta (S), ele era claro em suas orientações:

"Anas (R) relatou que sempre que o Profeta (S) falava, repetia três vezes as suas palavras, até que fossem entendidas, e, quando saudava as pessoas, também repetia três vezes a saudação" (Bukhári – JV – 467:853).

Em uma reunião com a sua equipe, seja claro, repita a mensagem principal pelo menos três vezes, fale de sua importância para a empresa e para a coesão do grupo, e não se esqueça de saudar os seus liderados com boas maneiras.

A essência

O líder não é apenas o que ensina, envolve e prepara os seus liderados. Ele deve ter percepção. Saber olhar as coisas e encontrar a essência delas – é isso que vai fazer a diferença. Deve-se ir direto ao âmago das questões, sem rodeios nem perda de tempo. Nos relacionamentos e nas tarefas, o líder sempre deve buscar o cerne das questões. Por outro lado, deve ensinar a seus liderados de forma vigorosa e contundente, para que não precise ficar repetindo as coisas indefinidamente.

Essência não se confunde com síntese. A essência é a parte fundamental de um objeto ou ser. É aquilo sem o qual o objeto deixa de existir ou de ser o que é. A síntese é a composição das partes que formam o todo.

Por mais complexas que as coisas possam parecer, sempre há como ser objetivo e encontrar a essência. É ir direto à questão. Apenas para exemplificar, repare como foi descrita a essência da religião islâmica, segundo o relato de Omar (R):

"Certo dia, quando estávamos sentados em companhia do Mensageiro de Deus (S), chegou até nós um homem de cabelos intensamente negros, vestindo uma roupa extremamente branca. Não havia sinais de que tivesse viajado e nenhum de nós o conhecia. Sentou-se em frente ao Profeta (S), apoiou seus joelhos nos dele e colocou suas mãos sobre as coxas dele. Em seguida disse: 'Ó Muhammad, fala-me sobre o Islam'. O Mensageiro de Deus (S) respondeu: 'O Islã consiste em testemunhar que não há outra divindade além de Deus e que Muhammad é Seu mensageiro; realizar as orações; cumprir a caridade (zakat); observar o jejum no mês de Ramadan; e, se tiver meios, peregrinar à Caaba'. O homem disse: 'Falaste a verdade'. Surpreendeu-nos o fato de que perguntasse e logo depois confirmasse a resposta. O homem voltou a perguntar: 'Fala-me sobre a fé'. O Mensageiro de Deus (S) respondeu: 'Que creias em Deus, em Seus anjos, em Seus livros, em Seus mensageiros e no Dia do Juízo Final. Ainda, crer no destino, seja ele bom ou mau'. Ele disse: 'Falaste a verdade! Fala-me agora sobre a perfeição (al-ihsaan)'. O Mensageiro de Deus (S) respondeu: 'Que adores a Deus como se O visses, pois se não O vê, Ele te vê'. O homem disse: 'Fala-me acerca da Hora (do Juízo)'. O Profeta (S) respondeu: 'Aquele a quem é perguntado não sabe mais do que aquele que pergunta'. O homem insistiu: 'Fala-me sobre os sinais dela!'. O Mensageiro de Deus (S) disse: 'A escrava dará à luz a sua própria senhora, e veremos descamisados e descalços pastores de ovelhas competindo na construção de altos edifícios'. Em seguida aquele homem foi embora. Fiquei ali pensativo por um bom tempo, até que o Profeta (S) me perguntou: 'Ó Omar, sabes quem era aquele que me perguntava?' Eu respondi: 'Deus e o Seu mensageiro têm melhor conhecimento'. Disse o Profeta (S): 'Era o arcanjo Gabriel, que veio ensinar-vos a essência de vossa religião'" (Musslim – JV – 96:60).

O líder transforma a empresa em escola, ensinando e inspirando sempre, mas não deve ficar indefinidamente repetindo as coisas. Jesus Cristo (AS), sabendo que pouco tempo lhe restava, tinha de agir rápido, para ensinar aos seus discípulos questões bastante complexas, que, normalmente, levariam anos para serem aprendidas. Por ocasião da última ceia, sem dizer uma única palavra, tendo nas mãos uma bacia com água e um pedaço de pano, começou a lavar os pés de seus discípulos. O grande mestre sabia como penetrar nos corações das pessoas. Imagine o impacto que aquela atitude causou a seus discípulos. Eles sabiam quem era Jesus (AS). Tinham ciência de sua alta missão. Certamente ficaram chocados, estarrecidos, mas com aquele singelo gesto aprenderam o verdadeiro significado do amor, da humildade, do perdão, da solidariedade. É como disse o psiquiatra e cientista brasileiro Augusto Cury: "Foram dez ou vinte minutos que causaram mais efeitos do que décadas de bancos escolares ou anos de psiquiatria".

6

A dinâmica da liderança

·•·⋘◇⋙·•·

Devemos reforçar essa ideia. Liderar é conseguir que as coisas sejam feitas por meio das pessoas. O termo "coisas" refere-se às tarefas, ao trabalho a ser feito, ao resultado. As tarefas são realizadas por pessoas, e pessoas não vivem sem estabelecer relacionamentos. Tarefas e relacionamentos são os dois elementos essenciais na dinâmica da liderança. Em outras palavras, toda liderança é uma administração de pessoas e resultados.

Robert Blake e Jane Mouton procuraram representar as formas de exercer influência por meio do "Grid Gerencial", teoria que consta de obra homônima que merece ser estudada. Essa representação possui duas dimensões: preocupação com as pessoas e preocupação com a produção. Referem-se ao enfoque dado pelo líder e expressam o uso de sua autoridade.

Preferindo-se a tarefa (ou resultado) ao relacionamento, corre-se o risco de se obter baixo compromisso, desconfiança, greves etc. Dando-se preferência aos relacionamentos e colocando de lado o resultado, é a produtividade e a qualidade que estarão em risco. Você já deve ter notado, em sua casa, no trabalho ou na escola, que existem pessoas difíceis nos relacionamentos, mas boas naquilo que fazem (administração doméstica, pesquisas ou estudos), e vice-versa – boas nos relacionamentos e péssimas no trabalho.

O líder deve fazer com que as duas aptidões caminhem juntas. Por exemplo, promover um vendedor ao cargo de supervisor só por causa de sua aptidão técnica pode ser um erro fatal: a empresa perde um bom vendedor e ganha um péssimo supervisor – cargo que exige bom nível de relacionamento.

A regra de ouro, por conseguinte, é promover a construção de bons relacionamentos ao mesmo tempo que tarefas são executadas com eficiência. Esse duplo desafio será vencido na empresa, em casa, no clube, bastando que haja liderança, e o líder é simplesmente uma pessoa altamente motivada.

O Profeta (S) disse:

"Deus me revelou que deveis ser corteses e cordiais uns com os outros, de tal forma que ninguém se considere superior a outro, nem o prejudique" (Musslim – JV – 361:602).

Vergar o arco

É conhecido o provérbio "se vergares muito o arco, ele se quebrará". Um líder deve ter o cuidado de não sobrecarregar um colaborador com excessivas tarefas, ou com tarefas para as quais ele não tem aptidão ou não foi treinado.

O mesmo pode ser dito aos pais: não designem tarefas para as quais os seus filhos não estão capacitados. Cada indivíduo foi dotado de qualidades que lhe são peculiares.

Descubra as aptidões de cada membro de sua equipe e procure motivá-los a aperfeiçoar o que sabem fazer melhor.

Deus, Louvado, diz:

"Deus não impõe a nenhuma alma uma carga superior às suas forças [...]" (Alcorão – A Vaca 2:286).

Em outra tradução:

"Deus nunca exige de alma alguma além de sua capacidade [...]".

O Criador conhece as suas criaturas. Não contrarie, pois, a lei divina, colocando sobre seus liderados fardos mais pesados do que os que podem carregar. Não exija além de suas capacidades. Ajude-os a desenvolver suas aptidões, descubra a vocação de cada um e incentive o seu aprimoramento.

Certo dia, fui me consultar com um médico, amigo meu, e encontrei-o extremamente aborrecido. Ele mal podia falar. Percebi que não seria uma boa ideia, naquele momento, passar em consulta. Curioso, quis saber o motivo de tanto nervosismo. Ele relatou-me, então, que sua secretária havia faltado ao serviço. Colocou em seu lugar, paliativamente, a faxineira. E ela havia, minutos antes, feito confusão: entregara um envelope contendo quase dez mil reais a um paciente. Achei inusitado o acontecido. Foi aí que ele deu uma explicação ainda mais estranha: encarregara a faxineira de fazer os serviços de banco e de atendimento a pacientes, e ela trocou os envelopes. Pensei comigo: o fato de ter sua secretária faltado ao serviço (fato perfeitamente previsível) não justificava tecnicamente aquela substituição (fato insólito). É óbvio que o novo serviço causou grande confusão na cabeça da faxineira, que assumira uma nova função sem treino, o que certamente levou à lastimável troca de envelopes. No entanto, ao perceber o estado da pobre faxineira, não perdi a piada: disse ao meu amigo para, diante daquele erro, não se esquecer de ir até o banco para depositar o laudo de exame do paciente...

Centro gravitacional

Para que haja liderança, devemos desenvolver ou aprimorar alguns fatores básicos: amor, relacionamentos, serviço, ambiente, paradigmas, escolhas e prioridades. Diria que esses sete fatores são os astros que gravitam em torno da liderança.

Cada um deles será analisado oportunamente, mas é importante esclarecer, por ora, que os astros se relacionam e se complementam, de modo que um fortalece o outro e todos juntos formam o líder.

Uma pequena história pode ilustrar isso:

Em um lugar distante, há muito tempo, um faraó chamado Paprisees Amare ampliou seu império depois de importantes conquistas territoriais. Decidiu que o governo de cada novo território ficaria a cargo de seus melhores comandantes, que eram também ótimos conselheiros. Assim, para longínquas terras enviou o Paradigma, a Prioridade, o Serviço, a Escolha, o Ambiente, o Amor e o Relacionamento, nomes pelos quais eram conhecidos os seus comandantes, em razão da habilidade particular que cada um tinha.

Entretanto, longe de seus conselheiros, o faraó já não tinha forças para dirigir o seu gigantesco império. Sua autoridade diminuíra e o povo começava a se revoltar. Estranhamente, o mesmo acontecia nos novos territórios. A habilidade de cada um dos comandantes era cada vez mais frágil. Imediatamente, para tratar daquela questão de alta relevância, pois o império estava em perigo, o faraó convocou uma reunião com seus sete comandantes. À medida que trocavam informações e se aconselhavam, o império se fortalecia e voltava a sorrir. Diante disso, o faraó determinou aos seus fiéis conselheiros que se reunissem com frequência, pois ele só poderia liderar com eficiência estando todos juntos, e assim foi feito:

PA.....radigma
PRI.....oridade
SE......rviço
ES......colha
AM....biente
A.......mor
RE.....lacionamento

O líder deve gravar o nome desse faraó, para não esquecer jamais de cultivar os sete fatores capitais de liderança. A seguir, veja a representação gráfica do centro gravitacional. Vale lembrar que a liderança é o centro em torno do qual gravitam os sete astros.

É conveniente abrir a mente para entender o que cada um dos fatores representa. Todos nós temos conceitos prévios a respeito deles, mas permita-se alargar o significado. Quem quer ser líder deverá, a partir de agora, procurar ver as coisas sob ângulos variados. Deixe os preconceitos de lado e busque novos pontos de vista.

7

Relacionamentos

••⊰❖⊱••

Os relacionamentos são essenciais quando se lidera. Tudo na vida gira em torno dos relacionamentos: com Deus, com nós mesmos e com os outros. Para o filósofo inglês Herbert Spencer, "a vida é uma adaptação contínua de relações internas com as relações externas".

Ter bons relacionamentos não significa conhecer pessoas importantes ou influentes. É, simplesmente, saber se relacionar bem com as pessoas. É relacionar-se de forma respeitosa, afetuosa e sincera. Disso resultam convivências sadias, maduras e até mesmo os fortes laços de amizade. São essas relações saudáveis que constroem famílias saudáveis, negócios saudáveis e vidas saudáveis.

Quando um relacionamento é saudável? Quando satisfaz legítimas necessidades (de clientes, colaboradores, família). Por exemplo, quanto ao cliente, suas legítimas necessidades são: qualidade, serviço e preço; quanto ao colaborador: respeito, participar, contribuir, dinheiro, reconhecimento; quanto aos filhos: segurança, estudo, vestuário, lazer.

O líder deve procurar satisfazer as necessidades. Quem quer liderar deve servir.

Desde logo, convém salientar que não são a mesma coisa necessidades e vontades. Estas são apenas caprichos, desejos. Seu filho quer estudar – é necessidade. Seu filho quer outra bicicleta – é apenas vontade. Retomaremos o assunto com mais profundidade no capítulo 8.

Disse o Profeta Muhammad (S):

"Se Deus designar uma pessoa para autoridade sobre os muçulmanos, e ela falhar em compensar as necessidades deles, em remover sua pobreza, Deus não lhe compensará as necessidades e não lhe removerá a pobreza no Dia do Juízo Final [...]" (Abu Daúd e Tirmizi – JV – 181:658).

Nesse dito profético fica bem claro que um líder tem a responsabilidade de satisfazer as necessidades de seus liderados. Extrai-se ainda, do enunciado, que o líder deve preocupar-se com necessidades legítimas (como é o caso do fim da pobreza), e não com caprichos ou meras vontades. E pobreza não é apenas a material, é também a espiritual, intelectual e afetiva.

Tempero

Qual é o ingrediente para um bom relacionamento? Em um casamento, quais são as necessidades legítimas de cada um dos cônjuges? No cerne da resposta sempre estará a confiança, pode ter certeza. Essa é a cola que gruda os relacionamentos, segundo James Hunter (2004).

Alguém tem bom relacionamento com pessoas em quem não confia? Você convida para a sua casa, para a intimidade de seu lar, pessoas nas quais não pode confiar? Se a sua resposta for afirmativa, então comece a mudar sua forma de se relacionar com os outros.

Deus diz:

"E que surja de vós um grupo que recomende o bem, dite a retidão e proíba o ilícito. Este será (um grupo) bem-aventurado" (Alcorão – Al Imran 3:104).

Nesse mesmo sentido, a mensagem revelada no Alcorão:

"Sois a melhor nação que surgiu na humanidade, porque recomendais o bem, proibis o ilícito e credes em Deus [...]" (Alcorão – Al Imran 3:110).

Recomendar o bem e opor-se ao ilícito são atitudes positivas que fazem aumentar a confiança. Um líder deve aprimorar sua conduta de modo a irradiar confiança. O líder procura influenciar seus liderados a praticar o bem, a se afastar do ilícito, a fazer a coisa certa, da forma como deve ser feita. Isso inspira confiança e aumenta a segurança dos liderados com relação ao líder.

Ao lado da confiança, ser bom ouvinte é outro ingrediente indispensável para um bom relacionamento. Saber ouvir é essencial e faz com que o outro se sinta importante.

A maioria das pessoas não sabe ouvir. Temos dois ouvidos e uma boca, o que demonstra que deveríamos, no mínimo, falar a metade do tempo que dedicamos para ouvir. Além disso, parece que Deus fez o ser humano com os ouvidos situados na mesma linha horizontal justamente para que nos esforçássemos ao máximo em prestar atenção a quem fala, pois, caso contrário, as coisas entram por um ouvido e saem pelo outro, sem a menor cerimônia.

Não basta ouvir. Devemos tomar o cuidado de não interromper quem está falando. Baruch Spinoza, filósofo holandês, escreveu: "A experiência nos tem mostrado que nada é mais difícil ao homem do que controlar sua língua".

Procure se policiar para não ser uma pessoa autorreferente. Isso é muito desagradável. Falo daquele tipo de pessoa que, ao ouvir do falante a narrativa de algum evento, ela logo toma a palavra para dizer que aquilo ou isso aconteceu com ela e, aí, passa a contar seu próprio evento, sem deixar o outro completar o que ia dizer. Saiba ouvir e depois fale o que gostaria.

Sem ouvir não se pode compreender. Sem ouvir não se pode falar. O escritor francês Pierre-Jules Renard disse, com muita propriedade: "Hoje, não se sabe falar porque já não se sabe ouvir".

Quando interrompemos alguém que está falando, enviamos, indiretamente, as seguintes mensagens:

— Se você me interrompeu, é porque não estava prestando muita atenção ao que eu dizia, já que sua cabeça estava ocupada com a resposta.

— Se você se recusa a me ouvir, não está valorizando a minha opinião.

— Você deve acreditar que o que tem a dizer é muito mais importante do que o que eu tenho a dizer.

São mensagens desrespeitosas, péssimas para quem almeja e precisa exercer liderança.

Portanto, um relacionamento saudável é aquele que supre necessidades legítimas. Para que se estabeleça, o relacionamento depende de confiança. Para que fique cada vez melhor, é importante ser um bom ouvinte e não interromper quem está falando. A arte de ouvir é tão importante que voltaremos a falar dela no capítulo 10.

Aprenda a relevar

Relevar é perdoar, e esse é um ato de profunda nobreza. Observe este relato do Profeta (S):

"A caridade não faz diminuir a riqueza; Deus intensifica a honra daquele que perdoa e, quanto àquele que se humilha para o bem de Deus, Ele o exalta em hierarquia" (Musslim – JV – 335:556).

Mesmo quando se trata daquelas pessoas das quais preferimos manter certa distância, é preciso aprender a ter um outro olhar. Vou contar uma pequena história:

> *Era uma vez uma cobra que decidiu perseguir um vaga-lume. Ele fugiu rápido, com medo da feroz predadora, mas a cobra nem pensava em desistir. O inseto escapou um dia, mas ela não desistia; dois dias, e nada. No terceiro dia, já sem forças, o vaga-lume parou e disse à cobra:*
> *— Posso fazer três perguntinhas?*
> *— Não costumo abrir esse tipo de precedente para ninguém, mas, como vou te devorar, pode perguntar.*
> *— Pertenço à sua cadeia alimentar?*
> *— Não.*
> *— Te fiz alguma coisa?*
> *— Não.*
> *— Então por que você quer me comer?*
> *— Porque não suporto ver você brilhar.*

Isso é o que alguns chamam de inveja. Por isso você deve ter ficado chocado com o motivo da cobra. Talvez tenha ficado até com um pouco de raiva dela. Mas vamos tentar olhar de outra maneira. Analise comigo. Quando se está no escuro, olhar para a luz causa um choque e não se consegue enxergar nada. São necessários alguns segundos para conseguir abrir os olhos e ver alguma coisa. No caso da cobra, ela vivia no escuro e não suportava olhar para a luz. Pessoas assim, na verdade, vivem nas trevas. Tenha pena delas. Ajude-as a encontrar a luz. Releve!

E você? Vamos conversar baixinho... Você é cobra ou vaga-lume? Você já parou para pensar como age? Você já se sentiu como a cobra? Voa como o vaga-lume? Como você tem agido? A reflexão sobre essas questões é importante, e talvez uma nova postura seja necessária. Para isso é imprescindível mudar paradigmas, assunto de nosso próximo capítulo.

8

Paradigmas

⋅⋅┄⋦❮❩❯❭⋧┄⋅⋅

Paradigmas são padrões psicológicos, modelos ou mapas que usamos para navegar na vida. O mundo exterior entra em nossa consciência através dos filtros de nossos modelos. E eles nem sempre estão corretos. Segundo Joseph O'Connor e John Seymour, autores de *Introdução à programação neolinguística: como entender e influenciar as pessoas*, brilhante obra de programação neolinguística (PNL), vivemos em nossa própria realidade, construída a partir de nossas impressões sensoriais e individuais da vida, e agimos com base no que percebemos do nosso modelo de mundo.

Nossos paradigmas podem ser valiosos e até salvar vidas quando usados adequadamente. Mas podem tornar-se perigosos se os tomarmos como verdades absolutas. Paradigmas falsos são responsáveis pela escalada de uma série de preconceitos que têm desestabilizado o convívio não só entre pessoas, mas entre nações.

Imagine um garoto vítima de abusos praticados pelo padrasto. Ele cresce achando que todos os adultos são daquele jeito. Esse paradigma equivocado será um grave bloqueio ao garoto para o desenvolvimento de relacionamentos sinceros, pautados na confiança. Definitivamente, os adultos não são como o padrasto do garoto.

Outro exemplo de paradigma falso: o termo "homem-bomba", sempre agregado à expressão "terrorista muçulmano", coloca 2 bilhões de pessoas, injustamente, no banco dos réus, além de revelar indisfarçável preconceito religioso. Um quarto da população mundial passa a ser vista com desconfiança. Essa forma capciosa de alardear o fato cria um paradigma falso na mente de algumas pessoas. Todo muçulmano, para elas, seria um terrorista, ainda que, obviamente, se isso fosse verdadeiro, o mundo já não existiria há muito tempo.

Diversos episódios poderiam ser citados para demonstrar essa errônea percepção da realidade. Veja este: em 2004, um britânico foi impedido de entrar nos Estados Unidos, tendo sido separado de sua filha e permanecido incomunicável, com seu aparelho celular confiscado. Ele era conhecido por Cat Stevens, um *superstar* dos anos 1960 e 1970, cujas canções percorreram o mundo. Seu nome atual, Yusuf Islam, adotado após sua adesão ao islamismo. Note que toda a fama por ele conquistada, toda a alegria proporcionada a quem admirava suas músicas, foram simplesmente anuladas, por ele ter exercido um direito natural de todo ser humano: liberdade de culto e de crença.

Quantos paradigmas errados você carrega no peito? Lembre-se de que esses paradigmas são modelos previamente adquiridos e que influem vigorosamente na sua forma de pensar e agir. O mundo exterior chega a você filtrado por esses modelos.

É claro que não só fatores externos, mas também internos, afetam a maneira como os paradigmas vão sendo formulados. Assim, programas culturais, noticiosos e de entretenimento contribuem e podem ser benéficos ou nocivos. Os tipos de personalidade refletem modelos ou padrões que também servirão de amálgama nesse processo.

Por isso, conforme disseram O'Connor e Seymour, devemos tomar cuidado, pois o mapa não é o território que ele descreve. As pessoas costumam ver apenas o que lhes interessa e ignoram os aspectos que não interessam.

Mudando os mapas

Reconhecer que não vemos o mundo como ele é, mas como nós somos, é meio caminho andado para uma grande transformação. Buda (Siddhartha Gautama) dizia: "O que somos é a consequência do que pensamos".

Se algumas coisas estão dando errado em sua vida, faça um *check-up* mental para entender os mapas pelos quais você tem se guiado nessa caminhada. Esse exercício de humildade pode trazer extraordinárias surpresas.

O mundo pode parecer muito diferente dependendo de nossa perspectiva. Ele parece diferente se somos ricos ou pobres, doentes ou saudáveis, jovens ou velhos, felizes ou tristes. Ter a mente aberta ou fechada, nossos preconceitos e medos, tudo influi nas respostas que damos aos estímulos que recebemos.

Outro exemplo de paradigma equivocado: pessoas que cresceram ouvindo que brincos são apenas para mulheres, ao avistarem um homem usando brincos certamente pensarão tratar-se de um efeminado, quando se sabe que muitos homens, por mero modismo, atualmente usam tais adereços.

Crenças, percepções e interesses limitados empobrecem o mundo, tornando-o previsível. Esse mesmo mundo pode ser rico e estimulante. A diferença não está no mundo, e sim nos filtros pelos quais o percebemos, segundo O'Connor e Seymour.

Para mudar esse quadro errôneo decorrente de paradigmas equivocados, ultrapassados ou falsos, devemos mudar internamente, mudando nossos mapas. Caso contrário, continuaremos sempre no mesmo lugar. Huberto Rohden, escritor e filósofo brasileiro, não estava errado ao afirmar: "Quem pensa errado vive errado; quem pensa certo vive certo".

Se você quer liderar, aprenda a ver as coisas por outros ângulos. Uma nova maneira de pensar pode abrir novos caminhos. É disso que se trata o exemplo citado a seguir.

Em 1944, nasceu em Sidon, no Líbano, uma pessoa que mudaria totalmente o modo de ver as coisas. Filho de camponeses, foi estudar contabilidade na capital. Sem conseguir pagar os estudos, fez o que muitos jovens como ele eram obrigados a fazer: emigrar para trabalhar. Nesse ínterim, enquanto o Líbano era devastado pela guerra (1975-1990), aquele filho de camponeses preparava-se para a sua grande missão: ajudar jovens a estudar e reconstruir o seu país. Parece um sonho inatingível, mas não para aquele homem movido pelo espírito de liderança. Vencedor no mundo dos negócios, desenvolveu diversos projetos filantrópicos, criou uma fundação e se dedicou a financiar estudos no exterior para milhares de jovens libaneses. De volta a seu país, conquistou importantes cargos políticos. Colocou em ação sua liderança. Com sua equipe altamente motivada, desenvolveu um ambicioso projeto de reconstrução de prédios destruídos pela guerra. Mas como financiar essa reconstrução respeitando os direitos legais dos proprietários e garantindo o benefício público? Os proprietários, em sua maioria, não tinham condições financeiras de arcar com os custos das obras. O Estado, depois de quase vinte anos de guerra, vivia a escassez de recursos. É nessas horas que um líder faz a diferença. Para tudo há uma solução, basta olhar pelos vários ângulos. Criou-se uma empresa que faria o trabalho de reconstrução. Essa empresa teve suas ações negociadas na Bolsa de Londres e pôde financiar e executar o projeto. Rafik Bahaa Edine Hariri foi o líder que soube fazer a diferença. Ficou conhecido no mundo porque soube liderar. Soube mudar. Transformou entulhos em edifícios. Sonhou grande, tornou-se um grande homem.

Há um antigo provérbio chinês que diz: "Se você não mudar a direção, terminará exatamente onde partiu".

O genial Lair Ribeiro, médico e autor de inúmeras obras científicas, acentua: "Se você continuar fazendo o que sempre fez, continuará obtendo o que sempre obteve".

Leila Navarro, palestrante motivacional e comportamental, em poucas palavras diz tudo: "Nada muda se você não mudar".

Ninguém melhor que Deus, o Altíssimo, para nos alertar:

"[...] Deus jamais mudará as condições que concedeu às pessoas, a menos que elas mudem o que há em seus íntimos [...]" (Alcorão – O Trovão – 13:11).

Em outra tradução:

"[...] Deus não muda o destino de um povo até que o povo mude o que tem na alma [...]".

Às vezes, não mudar significa perda de energia, tempo e dinheiro. Isso é ineficiência. Conheço uma fábula que pode ilustrar esse desperdício:

> Certo dia, um bezerro precisou atravessar uma floresta virgem para voltar a seu pasto. Sendo um animal irracional, abriu uma trilha tortuosa, cheia de curvas, subindo e descendo colinas desnecessariamente. No dia seguinte, um cão que passava por ali usou essa mesma trilha torta para atravessar a floresta. Depois foi a vez de um carneiro, líder de um rebanho, que fez seus companheiros seguirem pela trilha tortuosa. Mais tarde, os homens começaram a usar esse caminho: entravam e saíam, viravam à direita, à esquerda, abaixando-se, desviando de obstáculos, reclamando e praguejando, até com um pouco de razão, mas nada faziam para mudar o caminho. Depois de tanto uso, a trilha acabou virando uma estradinha onde os pobres animais se cansavam sob cargas pesadas, sendo obrigados a percorrer em três horas uma distância que poderia ser vencida em, no máximo, uma hora, caso a trilha não tivesse sido aberta por um bezerro. Muitos anos se passaram e a estradinha tornou-se a rua principal de um vilarejo e, posteriormente, a avenida principal de uma cidade. Logo, a avenida transformou-se no centro de uma grande metrópole caótica, e por ela passaram a transitar diariamente milhares de pessoas, seguindo a mesma trilha torta feita pelo bezerro centenas de anos antes. Os homens têm a tendência de seguir como cegos pelas trilhas de bezerros de suas mentes, e se esforçam de sol a sol a repetir o que os outros já fizeram. Contudo, a velha e sábia floresta ria das pessoas que percorriam aquela trilha, como se fosse um caminho único, sem se atrever a mudá-lo.

O espanhol Pablo Ruiz Picasso, gênio da pintura, disse certa vez: "Não há construção sem destruição".

Desafiar os velhos caminhos requer muito esforço. Mas devemos sempre desafiar nossas crenças e velhas maneiras de fazer as coisas para que a concorrência e o mundo não nos atropelem. É a mais pura verdade.

Para construir novos paradigmas, destrua as velhas amarras e os mapas da estagnação. Para construir novos relacionamentos, talvez seja preciso destruir aqueles que lhe são prejudiciais.

É estimulante pensar em mudar, por isso reflita sobre esta prece:

"Senhor, dai-me coragem para mudar as coisas que podem ser mudadas, a serenidade para aceitar as coisas que não podem ser mudadas e a sabedoria para distinguir umas das outras".

É fácil mudar? É claro que não. Isso porque a mudança nos tira da zona de conforto a que estamos acostumados e nos força a fazer as coisas de modo diferente, exigindo de nós uma grande dose de energia. Livrar-se de um modelo ou estereótipo requer aprender a ver as coisas sob outro ângulo, às vezes até mesmo ajuda profissional será necessária, mas o importante é procurar sempre compreender o outro, ver como ele vê o mundo.

O escritor e dramaturgo irlandês George Bernard Shaw escreveu: "O homem sensato se adapta ao mundo; o insensato persiste em adaptar o mundo a si mesmo. Portanto, todo progresso depende do homem insensato".

Organização empresarial

Observe estes paradigmas: administração centralizada, gerenciamento, lucro em curto prazo. E estes: administração descentralizada, liderança, lucro em médio e em longo prazo. Observe o grande abismo que separa o velho do novo paradigma. Não é preciso dizer que há uma grande diferença entre uma forma e outra de administrar.

Por isso, preste atenção, pois o mundo está em constante evolução, e você pode estar carregando na bagagem paradigmas organizacionais inadequados. Mudanças exigem mudanças.

Vários países asiáticos até há pouco tempo ofereciam produtos a preços baixos, mas de péssima qualidade e com baixo padrão de serviços. Diante de novas posturas do mercado, os fabricantes melhoraram a qualidade dos produtos. Com a contínua exigência do mercado, elevaram o padrão dos serviços também. Hoje, em razão de preço, qualidade e serviço, vários produtos asiáticos estão invadindo o mundo.

Muitos empresários aplicam um modelo de administração bastante difundido, tirado das organizações militares. Esse paradigma continua sendo muito utilizado. De estilo piramidal, no ápice está o chefe máximo (presidente ou general) e, na base, os subalternos (empregados ou soldados).

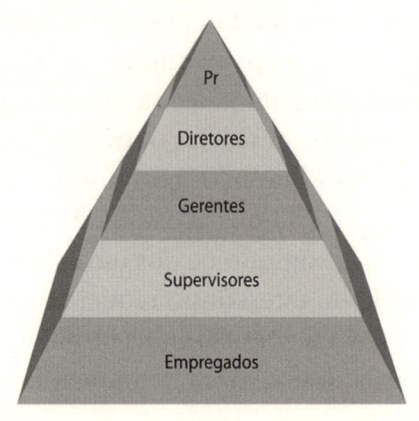

```
        Pr
      Diretores
      Gerentes
     Supervisores
      Empregados
        Cliente
```

O modelo representa um estilo de poder que se exerce de cima para baixo, como nas fileiras militares. Em cima estão os generais, depois os coronéis, tenentes, sargentos e soldados. No lugar do "cliente" está o inimigo. Os soldados são os que estão mais próximos do inimigo, estão na frente de batalha, assim como os empregados ou colaboradores, na linha de frente, estão mais próximos do cliente.

Esse formato de organização é aplicado para se obedecer a ordens sem questionar. Assim como os soldados querem agradar os superiores, os empregados querem agradar o chefe. Todos querem a satisfação do chefe; é ele quem deve ser servido. Por isso, todos olham para cima, para o topo da pirâmide. Os clientes, que estão abaixo da base da pirâmide, e fora dela, merecem menos atenção.

O mundo, no entanto, mudou. Os clientes, na maior parte do planeta, têm estatutos, leis de salvaguarda do consumidor. Estão cada vez mais exigentes. Ademais, a concorrência está na estratosfera, todos querem um lugar de destaque.

As empresas são cada vez mais rápidas; brigam para ver quem chega primeiro. Nunca como antes se exigiram posturas empresariais tão diversificadas. O cliente é a cada dia mais disputado – palmo a palmo.

James Hunter, com muita propriedade, desenhou um novo paradigma de administração empresarial, pelo qual a organização deve aprender a olhar as coisas sob outra perspectiva. Para visualizar esse outro modelo, basta girar a pirâmide em 180 graus, deixando-a com a ponta para baixo, conforme a figura a seguir.

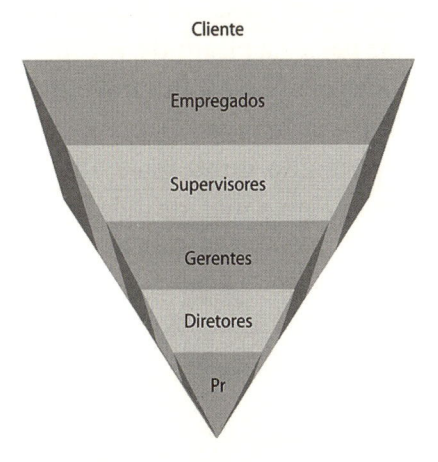

```
                    Cliente
          ╲ Empregados          ╱
           ╲ Supervisores      ╱
            ╲  Gerentes       ╱
             ╲  Diretores    ╱
              ╲    Pr       ╱
```

É uma nova maneira de ver as mesmas coisas, que sempre estiveram no mesmo lugar. Bastou olhar por outro ângulo. Agora o cliente, embora continue fora da pirâmide, é visto no topo. A pirâmide girou, mas o olhar de todos continua voltado para cima. O colaborador, olhando para cima, vê o cliente e é a ele que dispensa maior atenção.

Nesse modelo piramidal, o foco da organização está no cliente, a quem se deve servir. Ele está no topo das prioridades. Os colaboradores estão na linha de frente, servindo os clientes e garantindo que suas verdadeiras necessidades sejam satisfeitas.

Os supervisores passam a ter os colaboradores como seus clientes e se dedicam a atender suas necessidades. Os gerentes, igualmente. O diretor tem como alvo suprir as necessidades dos gerentes. O presidente percebe as prioridades e investe nelas, suprindo necessidades para obter maior eficiência do grupo.

O mundo, entretanto, não para de girar. Devemos estar atentos para novos modelos de organização. O empresário não pode mais achar que a empresa é só sua e sair dizendo por aí: "A empresa é minha e faço o que quiser". Não faça como Luís XIV, rei da França, que bradou "l'État c'est moi" (o Estado sou eu), mas também teve de deixar o trono. Você não quer perder o trono, quer?

Pare e pense: quem hoje fixa os preços de seus produtos? Quem escolhe os tons, tamanhos e modelos de seus produtos? Quem diz qual deve ser o padrão de serviços a ser ofertado pela empresa? Se você respondeu que é o cliente, pode estar certo de que acabou de descobrir que tem um novo sócio na empresa – e majoritário.

O cliente, agora, faz parte da pirâmide. Ele invadiu sua organização, ficando lado a lado com você. Esse é um novo mapa que não pode ser desprezado por sua empresa.

A Terra gira e a pirâmide girou mais 180 graus, retornando ao estado natural, mas agora com a metade dela ocupada pelo novo sócio. Veja a ilustração:

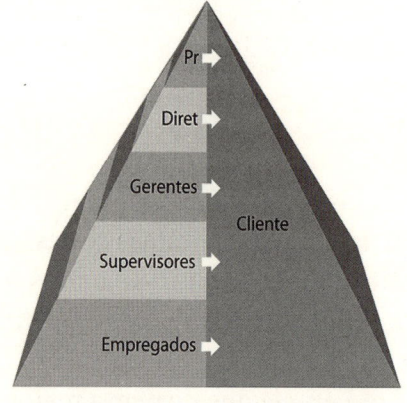

Você duvida que tem um novo sócio-majoritário? Experimente trocar o molho que sempre usou em seu restaurante, sem antes consultá-lo. Ele pode nunca mais voltar. Pinte seu estabelecimento com cores inadequadas e seu "sócio" poderá abandoná-lo. Deixe de prestar o serviço nos padrões estabelecidos por ele e você se verá em maus lençóis.

A regra, portanto, é estar diariamente "conversando" com seu novo sócio (o cliente), para saber o que ele quer. Todos, do presidente ao mais modesto colaborador, devem voltar seus olhos para o lado e ouvir o novo sócio, sempre atendendo às suas necessidades. É claro que o líder continua de olho no seu pessoal, motivando-o e procurando suprir-lhe as necessidades, para que ele, por sua vez, possa melhor servir ao novo sócio (cliente).

Numa sociedade capitalista de consumo, como a nossa, a empresa comercial já não pode ser vista apenas como um meio de realização pessoal do proprietário; é também um meio de satisfação pessoal do cliente. As necessidades e vontades do cliente são supridas pelas empresas às quais se associa. O cliente dita as regras, e o empresário, atento, as executa para vender mais.

O empresário que não se valer de pesquisas constantes para conhecer as novas tendências e ouvir a opinião de seu exigente sócio não sobreviverá. O grande segredo, pois, está na inovação, porém adequada ao estilo do novo sócio (cliente).

Isso leva a uma mudança de paradigma. O líder é alguém antenado. Vive com o sonar sempre ligado. Se não souber das necessidades, como poderá servir adequadamente?

O papel do líder não é o de dar ordens, simplesmente, ou impor regras, mas o de servir – servir seus liderados para que estes, por sua vez, possam servir melhor o cliente (sócio). Em consequência, os resultados serão mais impactantes.

O líder deve remover obstáculos para que as coisas fluam. Isso vale nas empresas, na família, na escola, nas agremiações. A liderança deve propiciar meios para que os liderados evoluam, desenvolvam-se. Uma equipe coesa e preparada percebe as novas tendências e rapidamente se adapta a elas.

Em uma empresa, um líder é alguém que identifica e satisfaz as necessidades legítimas de seus liderados e remove todas as barreiras para que possam servir o cliente. É importante o papel criativo a ser desempenhado pelo líder, que deve trocar ideias com seus liderados, estimulando-os, de modo que as possibilidades possam ser multiplicadas.

Para liderar, você deve servir. Servir é doar-se, dar-se aos outros.

O Profeta Muhammad (S) disse:

"Todo muçulmano deve oferecer caridade. Foi-lhe perguntado: E se não tiver nada para oferecer? Respondeu: Que trabalhe com suas próprias mãos. Desse modo, obterá benefícios e poderá oferecer, disso, uma caridade. Foi-lhe perguntado: E se não puder? Respondeu: Que preste sua ajuda a quem necessite de uma urgente assistência. Novamente pergunta: E se não puder? O Profeta respondeu: Que recomende o bem. Foi-lhe perguntado: E se não o fizer? Disse: Então, que se abstenha de causar o mal, isso também é uma caridade" (Mutaffac alaih – JV – 64:141).

Disse também (S):

"O melhor, dentre os indivíduos, é aquele que teve uma vida mais intensa e repleta de boas obras" (Tirmizi – JV – 58:108).

E ainda (S):

"No paraíso, vi um homem que por ali passeava, como recompensa, por ter podado uma árvore que obstaculizava o caminho dos muçulmanos" (Musslim – JV – 63:127).

Em todos esses casos, vislumbramos a prestação de serviços visando ao atendimento de necessidades humanas legítimas. Somos admoestados a servir, a satisfazer necessidades. Instiga-nos o Profeta (S) a exercer a liderança com esse propósito.

Para fechar esse tópico, fique com a poetisa e educadora chilena Gabriela Mistral, que com profundidade escreveu: "Servir é tarefa das grandes almas".

Necessidade e vontade

Para avançar nesta análise do servir para liderar, devemos retomar o que dissemos, agora com mais profundidade, a respeito de necessidades e vontades.

Os escravos fazem o que os outros querem; os servidores fazem o que os outros necessitam.

Vontade é um anseio que não considera as consequências físicas ou psicológicas daquilo que se deseja. Serve para suprir um simples anseio, o qual em nada afetará o desenvolvimento do ser humano.

Necessidade é uma legítima exigência física ou psíquica para o bem-estar do ser humano. Serve para suprir uma lacuna que aflige seriamente o seu desenvolvimento.

Preste atenção: dando o que as crianças querem, pode-se não estar dando o que elas precisam. O mesmo se aplica a todos quantos o líder deva servir.

Convém ressaltar que a vontade responde ao narcisismo, ao impulso inconsciente de atender às demandas do ego, ao passo que a necessidade está no impulso consciente de atender a demandas geradas a partir da real preocupação pelo outro – o real sentido do amor.

No segundo califado do Islã, uma interessante história de serviço foi protagonizada pelo então califa Omar (R). Ele era a autoridade máxima, e saía pela cidade todas as noites para saber como estava o seu povo. Certa noite, passando por um pequeno lugarejo, ouviu o choro de crianças. No casebre, uma panela sobre um braseiro e algumas crianças. Uma senhora mexia a panela com um pedaço de pau. Explicou que seus filhos estavam famintos, e, como nada tinha para alimentá-los, colocou pedras na panela. Sem que eles soubessem disso, esperava poder distraí-los até que pegassem no sono. A cena era estarrecedora. Imediatamente, o califa retornou à sede do governo e colocou um saco de trigo nas costas para levá-lo àquela família extremamente necessitada. Nisso, o serviçal de Omar (R), vendo aquela cena, correu para tirar de seus ombros aquele peso. O califa recusou a ajuda, dizendo: "Você não vai carregar os meus pecados no dia do Juízo Final. O povo é minha responsabilidade, e cada um deve carregar o seu fardo".

Identificando necessidades

Sabe-se que cada indivíduo tem necessidades diferentes. O papel do líder é identificar e satisfazer as legítimas necessidades de seus liderados, motivando-os para a realização dos objetivos comuns.

Desde logo, convém ressaltar que o salário, ao contrário do que muitos pensam, não é o fator de motivação preponderante em uma empresa. O bom ambiente de trabalho e o reconhecimento são igualmente importantes e decisivos. O colaborador necessita de um ambiente de trabalho saudável para que possa se desenvolver, sentir-se acolhido, amado. Ambientes arejados, onde não se acirra a competição, mas a cooperação entre os membros da equipe, fazem a criatividade fluir melhor. Além disso, reconhecer uma tarefa bem executada é altamente motivador.

Abraham Maslow, psicólogo norte-americano, desenvolveu acurado estudo sobre as necessidades humanas, estabelecendo assim sua hierarquia:

- Auto-realização
- Autoestima
- Necessidades Sociais
- Segurança
- Necessidades Fisiológicas

Para Maslow, as necessidades do nível mais baixo (base da pirâmide) devem ser satisfeitas antes daquelas do nível mais alto. Começamos pelo mínimo para chegar ao máximo. É a busca natural do ser humano, vencendo etapas para atingir a meta final.

Necessidades fisiológicas são atendidas com o pagamento de um salário justo, com a concessão de benefícios, e estão diretamente ligadas à sobrevivência – comida, moradia, vestuário, lazer etc. Uma vez garantida a sobrevivência, o indivíduo passa a buscar o atendimento de outras necessidades.

Segurança diz respeito a um ambiente de trabalho seguro, com o estabelecimento de limites, regras e padrões de segurança. Está relacionada com a proteção física do indivíduo, e surge quando são atendidas as primeiras necessidades.

Necessidades sociais estão ligadas à necessidade de ser amado e de pertencer a um grupo. Seja em casa, na escola ou no trabalho, ninguém suporta ser ou sentir-se rejeitado. Todos temos a necessidade de pertencimento, de fazer parte de algo, de modo que possamos construir relacionamentos acolhedores.

Autoestima é a necessidade de se sentir valorizado, tratado com respeito, apreciado, encorajado, reconhecido.

Autorrealização é tornar-se o melhor que você é capaz de ser. Nem todos podem ser presidente, aluno nota 10, um gênio, mas todos podem ser o melhor possível. O líder incentiva e fornece as condições para que o seu pessoal se torne o melhor que pode ser.

O líder deve ser um descobridor de necessidades. Para isso ele deve investigar. Entender de gente. A hierarquia das necessidades humanas de Maslow é uma boa ferramenta de trabalho nessa investigação. Descobrindo as necessidades de seus liderados, poderá envidar os esforços necessários para atendê-las. Isso, para além de firmá-lo como líder, motiva o grupo, torna a equipe mais coesa.

O conferencista brasileiro Alfredo Rocha salienta que a liderança servidora é a que toca o coração das pessoas. Isso é cuidar com carinho da equipe. O líder preocupa-se com a formação do espírito humano de seus liderados. Repare, pois, que, ao lado do salário material, a equipe necessita do salário moral para estar sempre motivada.

Observe que as aspirações são diferentes, e o líder pode se valer do chamado conceito DISC – desenvolvido pelo psicólogo norte-americano William Marston – para se aproximar mais das necessidades de seu pessoal. Segundo esse conceito, existem quatro perfis básicos de comportamento: Dominância, Influência, Segurança e Conformidade (daí o acrônimo DISC). Vale dizer que na maioria das pessoas esses perfis convivem, mas um deles será o dominante.

As pessoas do primeiro grupo têm como valores mais importantes o poder e o dinheiro. Para as do segundo grupo, o que importa mais são os relacionamentos, por isso elas são comunicativas e persuasivas. As pessoas do terceiro grupo prezam muito a fidelidade e a amizade e têm a estabilidade e a segurança como valores supremos. As pessoas do quarto e último grupo têm como valores essenciais as regras e os procedimentos, por isso são detalhistas e disciplinadas.

O líder tem agora mais uma importante ferramenta para melhor compreender seus liderados e buscar atender às necessidades de cada um de acordo com seu perfil. Esse modelo DISC foi feito a partir do estudo das emoções de pessoas normais, o que revelou pioneirismo, já que os estudos empreendidos até então referiam-se a pessoas anormais[2].

Ajudar muito atrapalha

Em uma palestra, Lair Ribeiro chamou a atenção para a diferença entre ajudar e apoiar. Devem-se estabelecer limites precisos entre um e outro.

Ajudar alguém pode resultar em grave prejuízo a quem se quis ajudar. Imagine o sujeito que, com a intenção de "ajudar" o amigo, conta-lhe que viu a esposa dele na companhia do açougueiro. O marido, pego de surpresa com a notícia, vai para casa e mata a esposa. Logo depois, é preso e condenado a vinte anos de prisão. Pergunta-se: aquele sujeito ajudou ou atrapalhou a vida do amigo?

Podemos prestar apoio a quem precisa e ajuda a quem peça, mas para tudo há um limite. Às vezes pensamos estar ajudando, quando na verdade estamos atrapalhando.

Há muito tempo, um mestre encarregou o seu discípulo de cuidar do campo de arroz. No primeiro ano, o discípulo vigiava para que nunca

---

2 Para Marston, normais ou anormais são classificações a partir da análise de aspectos emocionais de pessoas com ou sem psicopatologias.

faltasse a água necessária. O arroz cresceu forte, e a colheita foi boa. No segundo ano, ele teve a ideia de acrescentar um pouco de fertilizante. O arroz cresceu rápido, e a colheita foi maior. No terceiro ano, ele colocou mais fertilizante. A colheita foi maior ainda, mas o arroz nasceu pequeno e sem brilho. Então o mestre advertiu o seu discípulo: se continuasse aumentando a quantidade de adubo, não teria nada para colher no ano seguinte. Muita ajuda atrapalha.

Isso também é ilustrado pela seguinte parábola:

> *Um sábio passeava pelo mercado, quando um homem se aproximou.*
> *— Sei que és um grande mestre – disse. – Hoje de manhã, meu filho me pediu dinheiro para comprar algo que custa caro; devo ajudá-lo?*
> *— Se essa não é uma situação de emergência, aguarde mais uma semana antes de atender o seu filho.*
> *— Mas se tenho condições de ajudá-lo agora, que diferença fará esperar uma semana?*
> *— Uma diferença muito grande – respondeu o sábio. – A minha experiência mostra que as pessoas só dão o real valor a algo quando têm a oportunidade de duvidar se irão ou não conseguir o que desejam. Pelo mesmo motivo, meu caro, é que muitas vezes as nossas orações demoram um pouco para ser atendidas.*

Atualmente, em vários países da Europa, leis trabalhistas estão sendo revistas por não estarem mais ajudando os empregados ou colaboradores. São leis produzidas para atender a reivindicações e pressões de sindicatos de trabalhadores, visando contemplar variadas classes de empregados. Muitas empresas, mal podendo suportar os encargos decorrentes dessa legislação, acabaram fechando ou reduzindo drasticamente seus quadros, gerando desemprego. Os sindicatos, em vez de ajudar, acabaram atrapalhando. É preciso sempre buscar o meio-termo.

9

Serviço

••⊰⊱••

Dar de si algo, um serviço, é a ação de servir, é missão, responsabilidade, tarefa. Servir ao próximo, ajudar os que necessitam de auxílio, guiar. O Profeta Muhammad (S) orientou:
"A pessoa que levar alguém à retidão terá uma recompensa igual à que receber a sua guia, sem que seja reduzida a recompensa de nenhum dos dois" (Musslim – JV – 659:1382).

Jesus Cristo (AS) disse:

"[...] quem quiser tornar-se importante entre vocês deverá ser servo, e quem quiser ser o primeiro deverá ser escravo; como o Filho do homem, que não veio para ser servido, mas para servir e dar a sua vida em resgate de muitos" (Mateus 20:26-28).

Quando prestamos atenção aos exemplos de conduta dos Profetas e Mensageiros de Deus, percebemos facilmente que todos eles viveram servindo. Serviam aos outros primeiro. Satisfaziam as necessidades do próximo. Por isso lideraram. O mesmo pode ser constatado se olharmos para os grandes homens que deixaram suas marcas, como

Gandhi, Martin Luther King, Alexandre, o Grande, e tantos outros.

Gosto muito da história de liderança de uma das mulheres mais famosas do mundo. Lembre-se de que o líder não tem que ser famoso, apenas uma pessoa bastante motivada. Mas essa mulher alcançou as alturas. Tornou-se ícone da moda. Um modelo diferente de beleza feminina. Mas não foi isso que a levou a ser admirada. A extraordinária admiração que conquistou deveu-se ao seu grande envolvimento em causas sociais. Diana Frances Spencer tornou-se, em 1981, Sua Alteza Real Princesa de Gales, passando a chamar-se Diana Frances Mountbatten-Windsor. Mulher de muitas virtudes, exerceu com autoridade sua alta posição. Influenciou o mundo. Foi a primeira grande celebridade a ser fotografada tocando uma pessoa infectada com o vírus HIV (1987). Isso contribuiu imensamente para mudar a opinião pública em relação ao aidético, até então muito discriminado. Mostrou ao mundo que essas pessoas mereciam compaixão, e não o isolamento. Participou ativamente da campanha internacional contra as minas terrestres, atuando decisivamente para sua erradicação. Ficou conhecida não pelas pompas do castelo, mas pelos inúmeros trabalhos de caridade que desenvolveu. Serviu e por isso teve autoridade para liderar.

A essa altura, já com a noção aclarada de liderança permeando nossos pensamentos, podemos perguntar: quem foi o maior líder de todos os tempos?

Cada um de nós pode ter uma opinião diferente, e são todas respeitáveis. Para mim, sem dúvida, foram Jesus Cristo (AS) e Muhammad (S), profetas e mensageiros de Deus da maior importância para a humanidade. Basta ver o elevado número de seguidores que têm. Neste trabalho, trataremos do segundo, o profeta do Islã, cujas pegadas hoje são seguidas por cerca de 2 bilhões de pessoas espalhadas pelo mundo.

A trajetória de um líder

No terceiro mês do calendário lunar – Rabi-ul-awwal –, equivalente ao mês de abril do calendário solar, do ano 571 da era cristã, nasceu em Meca o louvado (Ahmad no céu e Muhammad na terra). Dois meses antes de seu nascimento, o pai Abdallah havia falecido em Medina. Seu avô, Abdul Mutalib, chefe da tribo de Coraichi, deu-lhe o nome de Muhammad, que tem o mesmo significado de Ahmad, nome de preferência de sua mãe, Amina. Uma serva de um dos tios de Muhammad, chamada Soaiba, amamentou-o até que fosse levado para o deserto, onde ficou sob os cuidados de Halima Bint Abu Zuaib, da tribo de Banu Saad, e de seu marido, Haris.

Até os 5 anos de idade, Muhammad Bin Abdallah (S) permaneceu com Halima e sua família. Depois desse período, retornou para os braços de sua mãe, que veio a falecer pouco tempo depois. Ficou então sob a proteção de seu avô, Abdul Mutalib. Aos 8 anos, entretanto, Muhammad (S) perde também o seu avô. O seu tio paterno Abu Talib passa a ser o seu guardião e também o chefe de Coraichi.

A essa altura, alguns podem estar achando que a dureza da vida no deserto e as seguidas mortes dos guardiões daquela criança órfã deixaram-na revoltada ou desnorteada. Não foi isso que aconteceu. Como o cinzel que lapida diamantes, a adversidade serviu para lapidar a excelência do caráter de Muhammad (S). Desde cedo ele ficou conhecido por sua inteligência, por sua boa disposição, honestidade e ternura para com seus semelhantes. Desde pequenino já pastoreava o gado para ajudar o tio. Meca desenvolvia-se em função do comércio, e, aos 12 anos de idade, Muhammad (S) participou de sua primeira caravana comercial rumo à Síria, junto de seu tio.

Naquele tempo, a idolatria estava completamente impregnada na vida das pessoas. Mas o adolescente Muhammad (S) em tempo algum havia se aproximado de qualquer ídolo ou estátua. No interior da Caaba (pedra sagrada) havia 360 ídolos – um para cada dia do ano! –, onde peregrinos de diversas partes da Arábia e arredores praticavam o politeísmo. Muitas guerras tribais eram travadas, e o jovem Muhammad (S), aos 15 anos de idade, viu-se na contingência de participar da chamada "guerra ímpia", em auxílio ao seu tio, a quem entregava flechas e lanças.

Aos 20 anos de idade, o caráter de Muhammad (S) já era bastante admirado, de modo que poucos o chamavam pelo nome; preferiam referir-se a ele por Al Amin (O Verdadeiro). Ele era a pessoa em quem todos depositavam confiança, porquanto nunca quebrara a sua palavra e era fiel às suas promessas e compromissos. Como resultado de suas louváveis qualidades, todos os comerciantes abastados o queriam como agente nas viagens de negócios. Revelou-se um exímio comerciante, pois, em todas as caravanas comerciais que liderou – para a Síria, Busrá e Iêmen –, retornou com lucros. Frise-se que Muhammad (S) era uma pessoa iletrada, e o fato de não saber ler nem escrever não foi empecilho para o sucesso até então alcançado.

Aos 25 anos, Muhammad (S) casou-se com uma viúva de nome Khadija (R), conhecida por Táhera (A Pura), mais velha que ele. Era o casamento da verdade com a pureza. Khadija (R) era uma mulher de fibra, a primeira a acreditar nele e segui-lo, estando sempre ao seu lado. Teve sete filhos. Nesse ponto, abro um parêntese: por um mistério da vontade de Deus, o Profeta (S) assistiu à morte de todos os seus filhos (exceto Fátima), assim como a de sua esposa, Khadija (R). Ele sofreu muito com a perda de sua amada. Ver sua descendência partir também lhe causou muita dor. E foi submetido a essa dor várias vezes. Você acha que todo esse sofrimento, essa dor lancinante, o derrubou? Para esse grande líder, as tribulações serviram para firmar ainda mais o seu espírito. As árvores com raízes mais fortes crescem sob os açoites da tempestade. Fecho o parêntese e retomo a cronologia da trajetória.

Para ficar longe da idolatria que o cercava e contemplar a criação, buscando desvendar a realidade oculta do Universo, Muhammad (S) era dado a fazer retiros espirituais. Gostava de ficar sozinho em meditação na caverna de Hira, situada em Jabalan-Nur (Montanha da Luz), ao norte de Meca. Aos 40 anos de idade, em Hira, Muhammad (S) recebeu a sua primeira mensagem de Deus, pelo arcanjo Gabriel (AS). Muitas outras mensagens se seguiram à primeira (a revelação nunca mais cessou, até a sua morte, aos 63 anos).

Logo depois da primeira revelação, Muhammad (S) começou a sua jornada de pregação, que era extremamente dificultada em razão da idolatria reinante e do forte comércio que isso proporcionava naquela região inóspita do planeta. Entre os seus primeiros discípulos havia uma mulher, um homem abastado, um liberto e uma criança. A mulher era Khadija (R) – para quem o Profeta (S) trabalhou e a qual veio depois a desposar; o abastado era Abu Bakr Sidik (R) – que se tornou, posteriormente, o primeiro califa do Islã; o escravo liberto era um negro de nome Bilal (R) – que, em razão de sua fé e lealdade, além da belíssima e pulsante voz, foi o primeiro muçulmano a fazer o adan (chamamento para a oração); a criança era o seu primo Ali (R) – que mais tarde viria a desposar a filha de Muhammad (S), Fátima, e tornou-se o quarto califa do Islã (o segundo califa foi Omar, e o terceiro, Otman). O grande líder estava formando a sua equipe.

Todos os ditos de Muhammad (S), sua conduta, tudo o que fez, esteve voltado para a arte de servir, servir, servir. Ele estava sempre a serviço. Ensinando, lutando ou pregando, o Profeta (S) é um exemplo irrepreensível de liderança a serviço. Os líderes servem e influenciam os seus liderados a agir com disciplina, pois só assim poderão atingir os objetivos desejados.

É importante relembrar que liderança adquire-se com paciência. No início de sua pregação, o Profeta (S) encontrou muita resistência e teve de fugir de Meca, território onde a idolatria grassava. Eram poucos os seus seguidores. Sua vida estava em perigo. Um de seus companheiros acompanhou-o no exílio. Relatou Abu Bakr Sidik (R):

"Quando o Profeta (S) e eu nos escondemos na Caverna de Saur, e estávamos sendo procurados pelos mequenses, eu vi os pés deles acima de nós, do lado de fora da caverna, e disse: Ó Mensageiro de Deus, se eles olharem para baixo, para seus pés, eles nos verão! O Profeta (S) disse: 'Ó Abu Bakr, que achas tu de dois dos quais Deus é o terceiro?'" (Mutaffac alaih – JV – 52/81).

Esse episódio ocorreu no início do Islã. O ano era 622 d.C. A partida do Profeta (S) de Meca com destino a Medina denomina-se Hégira e marca o início do calendário muçulmano. Observe, portanto, que o Profeta estava praticamente só quando foi obrigado a deixar sua terra natal. Partiu para construir algo grandioso. Ele não tinha nenhum cargo. Não tinha poder. Muhammad (S) passou por humilhações, foi perseguido por sua própria gente. E agora, você acha que o moral daquele homem estava baixo? Ele pensou em desistir? Nunca. Ele sabia que o melhor caráter é aquele marcado por profundas cicatrizes.

Enquanto era açoitado pela tempestade, Muhammad (S) estava construindo autoridade. Sua influência era cada vez maior. Sua grande capacidade de liderar, a despeito das inúmeras adversidades, trouxe-lhe resultados consistentes. Em Medina, ele pôde pensar com mais tranquilidade, traçar prioridades e planejar, além de ensinar seus liderados a desenvolver suas potencialidades. Anote os ingredientes imprescindíveis para a receita de uma boa liderança: pensar, estabelecer prioridades, planejar, ensinar e executar.

O líder é reconhecido pelo número de seus seguidores, não é mesmo? Atente para isso: depois de dez anos, Muhammad (S) retornou a Meca, liderando cerca de dez mil homens. Sim, em poucos anos ele formou o maior exército até então visto naquelas paragens. Tendo os seus liderados sob total controle, sem derramamento de sangue, o Profeta (S) entrou vitorioso naquela cidade, para instituir a verdadeira justiça e colocar fim à secular idolatria reinante.

O Profeta (S) não usava nenhum estilo de poder, simplesmente porque não tinha poder. Os reis, chefes de tribos, faraós, esses, sim, tinham poder. Mas Muhammad (S) possuía influência, autoridade. Nunca usou de poder; nunca forçou ninguém a segui-lo. Por isso, é capaz de influenciar pessoas até os dias de hoje.

O islamismo logo se expandiu por quase toda a Península Arábica, tendo como governador o líder Muhammad (S). Sua pregação estava voltada para toda a humanidade. Florescia uma civilização altamente avançada para a época. A revelação durou 23 anos, período no qual toda a Mensagem Divina foi-lhe transmitida pelo Arcanjo Gabriel (AS). O conjunto dessas mensagens divinas forma o Alcorão, livro sagrado dos muçulmanos. Nos dez anos que se seguiram à morte do Profeta (S), o islamismo alcançou a Pérsia, o Egito e o Oriente Médio. No século VIII, o Islã chegou à Espanha, passando pelo norte da África e pela Ásia Central.

Hoje, pelo menos um quarto da humanidade segue as pegadas de Muhammad (S). São 2 bilhões de pessoas, como já citado. O Islã é a religião que mais cresce no mundo. Algum outro homem (líder) influenciou tantos? A grande lição deixada: a liderança que se exerce em longo prazo, suportando o teste do tempo, deve ser construída com base em autoridade. Repetindo: autoridade é a habilidade de influenciar pessoas a, espontaneamente, agir de acordo com a sua vontade.

A força da autoridade

Como conseguir que as pessoas realizem de bom grado o nosso desejo? Sobre o que se constrói a autoridade?

Merecem meditação as afirmações aqui postas:

Em primeiro lugar, o verdadeiro líder deve inspirar estas duas preciosidades em seus comandados: pensar e fazer as coisas segundo a ordem de importância. São tarefas árduas, mas uma equipe que pensa antes de agir e sabe manter as prioridades adequadas torna-se imbatível.

Para aplicar as melhores estratégias e obter os resultados desejados deve-se pensar. Cuidado com a unanimidade. O jornalista americano Walter Lippmann alertou: "Quando todos pensam igual é porque ninguém está pensando".

Nelson Rodrigues, dramaturgo e escritor pernambucano, asseverou: "Toda unanimidade é burra".

Em segundo lugar, para motivar as pessoas que se quer liderar, deve-se dizer a elas por que a tarefa é importante. Ajude-as a reconhecer isso. Se a situação traz perigo, diga a seus liderados. Por exemplo, se a derrota em um jogo significar o rebaixamento do time, conscientize os jogadores disso e de todas as consequências daí decorrentes. Ainda, procure dividir a tarefa em partes, de modo que possam executá-la sem se sobrecarregar (lembre-se de não vergar o arco). Cumprida a tarefa, elogie, fale a respeito. Por fim, quanto à questão relativa à autoridade, grave estas palavras: a autoridade sempre é construída com serviço e sacrifício.

A vida de Muhammad (S) é marcada pelo serviço e pelo sacrifício, sendo, sem dúvida, um exemplo a ser seguido. Deus, Altíssimo, diz:

"Quem obedecer ao Mensageiro obedecerá a Deus" (Alcorão – As Mulheres 4:80).

Diz ainda:

"Com efeito, há, para vós, no Mensageiro de Deus, belo paradigma [...] (Alcorão – Os Partidos 33:21).

Dissemos que a autoridade não é negociada, comprada nem dada. Tampouco é herdada. A autoridade deve ser conquistada pelo verdadeiro líder. Ele deve obtê-la por seus próprios méritos. Isso fica bastante claro na narrativa a seguir, quando duas pessoas pedem ao Profeta (S) cargos de autoridade. Obviamente, foi-lhes negada a pretensão:

"Certa ocasião, encontrávamo-nos, dois primos meus e eu, perante o Profeta (S). Um dos meus primos disse: Ó Mensageiro de Deus, designa-me como autoridade sobre alguma parte daquilo que Deus te concedeu! O outro lhe pediu algo parecido. Então o Profeta (S) respondeu: 'Por Deus! Jamais concedemos um posto de responsabilidade a quem o pedisse, ou demonstrasse muito anseio por consegui-lo'" (Mutaffac alaih – JV – 186:680).

Mohandas Karamchand Gandhi é também um bom exemplo de

autoridade conquistada pelo serviço. Mais conhecido por Mahatma Gandhi (em sânscrito, "grande alma"), ele obteve a independência da Índia sem recorrer à violência. Gandhi e seus liderados suportaram dor e sofrimento na guerra não violenta de desobediência civil. Ele não só ajudou a libertar a Índia do governo britânico, mas também inspirou diversos outros povos coloniais a trabalhar pela própria liberdade. Motivou grandes homens, como Martin Luther King e Nelson Mandela. O resultado de seu trabalho foi surpreendente, e Gandhi entrou para a história, subindo ao pódio dos grandes líderes mundiais.

Acompanhe este outro exemplo de liderança. Ele nasceu em Alexandria, em 1918. Sonhava em livrar o seu país das grandes potências da época e criar uma confederação. Ingressou na Real Academia Militar, onde liderou a chamada Sociedade Revolucionária dos Oficiais Livres e derrubou o rei Faruk I. Gamal Abdel Nasser planejava mudar o rumo dos acontecimentos. Estava a serviço de seu povo, o povo árabe. Pôs fim à monarquia e passou a governar o Egito. Fomentou o movimento pan-arabista. Queria transformar os países árabes numa única grande nação. Extremamente carismático, foi um dos líderes do movimento terceiro-mundista. Disse ao seu povo: "Levantai a cabeça, pois o tempo da escravidão foi extirpado". Sua influência era tão grande que desconhecia fronteiras. Foi admirado por muitos, de modo que, dizem, Jânio Quadros, à época presidente do Brasil, tinha uma fotografia de Nasser em seu gabinete.

Servir

No contexto da liderança, o que é servir? Servir é identificar e satisfazer necessidades legítimas, nem mais, nem menos. É preciso fazer sacrifícios por aqueles a quem servimos.

Buda enfatizou: "Colhereis o que semeardes".

Esse ditado se popularizou e o repetimos com frequência, "você colhe o que planta", sem refletir sobre a profundidade da frase. Pense sobre esse enunciado. Procure analisar as obras que tem realizado. Reflita sobre elas. Quais são os frutos que você está colhendo hoje? Lembre-se: quem lança vento colhe tempestade. Alguém tem servido você? A resposta será positiva se você estiver servindo aos outros. Alguém tem se arriscado por você?

A escritora russa Helena Blavatsky também nos lembra: "Semeia ações bondosas e colherás os seus frutos".

Anote: a liderança que vai perdurar deve ser baseada na influência e na autoridade. A autoridade sempre se estabelece ao servirmos os outros e por eles nos sacrificarmos. Demonstre interesse em cada integrante de sua equipe.

Quem quer liderar deve saber identificar as necessidades de seus liderados. Uma vez identificadas, procure supri-las, ainda que com sacrifício.

Mais uma vez, repare no que ensinou o Profeta (S):

"Um muçulmano é irmão de outro muçulmano; nunca é injusto para com ele, nem o entrega ao inimigo. A quem acudir um irmão necessitado, Deus acudirá em sua ajuda; e a quem aliviar a angústia de um muçulmano, Deus aliviará, por isso, uma de suas angústias no Dia da Ressurreição; e a quem encobrir a falta de um muçulmano, Deus encobrirá as suas faltas no Dia do Juízo" (Mutaffac alaih – JV – 93:244).

A repetição é uma boa maneira de adquirir novos hábitos, sendo uma excelente forma de ensinar. Por isso, o Profeta (S) insistia sobre a importância de atender às necessidades de nossos semelhantes e de servir ao próximo, conforme este outro relato:

"Àquele que aliviar, de um crente, uma angústia, das angústias desta vida, Deus aliviará algumas das angústias no Dia da Ressurreição; e àquele que resolver a dificuldade de um necessitado, Deus resolverá as dificuldades, tanto nesta, como na Outra, e Deus estará ajudando o servo enquanto este estiver ajudando o seu irmão; e àquele que empreender um caminho na busca do conhecimento, Deus facilitará, por isso, um caminho para o Paraíso. Sempre que se reunir um grupo de indivíduos para recitar e estudar o Livro de Deus, fazendo-o em uma das Casas do Senhor, o sossego descerá sobre eles, e a misericórdia de Deus (louvado seja) os cobrirá; os anjos os rodearão, e serão mencionados por Deus, ante aqueles que se encontram na Sua presença. Aquele cujas obras tenham sido rebaixadas não será dignificado, por sua linhagem" (Musslim – JV – 93:245).

Portanto, o serviço que prestamos tem origem na identificação e na satisfação de necessidades legítimas. Entre os que se dedicam à filantropia, existe uma frase bastante difundida que diz o seguinte: "Todo dinheiro que eu gasto em caridade volta para mim multiplicado".

O Profeta (S) ensinava sobre a excelência da caridade, começando por suprir as necessidades da família:

"Ó filho de Adão, será sempre melhor para ti se ofereceres o que exceder das tuas necessidades, e sempre será pior para ti a retenção do excesso. E jamais serás censurado por possuíres uma riqueza de acordo com tuas necessidades; e começa por gastá-la com a tua família. Fica sabendo que a mão que dá é preferível à mão que pede" (Musslim – JV – 159:552).

Sobre o que se constroem serviço e sacrifício? Serviço e sacrifício dependem de muito esforço, e esforço demanda amor. Sem amor, não envidaríamos esforços para servir àqueles que estão à nossa volta. O amor exige sacrifícios. O amor não é algo fácil de carregar, mas é o amor que move montanhas.

Disse o Profeta (S):

"Se uma pessoa ama a seu irmão, deve fazê-lo saber disso" (Abu Daúd e Tirmizi – JV – 122:383).

O enunciado refere-se a ter atitude. O amor deve ser exteriorizado por ações. Quando essas ações consistem em serviço e sacrifício, mais forte será esse amor.

Vou contar um fato que ocorreu comigo. Algum tempo atrás, meu pai quis que eu fosse gerenciar uma das lojas de mobília da família. O estabelecimento ficava na zona leste de São Paulo. Próximo dali ficava a rua onde nasci, e vez ou outra eu gostava de passar por aqueles lados. Nasci no bairro da Penha, em São Paulo, numa rua chamada Gabriela Mistral. Certo dia, resolvi pesquisar a quem pertencia tão exuberante nome. Surpreendi-me com a bela história de serviço que encontrei. Lucila de Maria Del Perpetuo Godoy Alcayaga, uma chilena nascida em 1889, era Gabriela Mistral. Esse foi o pseudônimo por ela escolhido para homenagear dois de seus poetas prediletos. Gabriela era poetisa, educadora e diplomata. Em 1945 recebeu o prêmio Nobel de Literatura. Era uma grande líder naquela época. Começou como professora primária. Pregava uma metodologia de ensino avançada. Em 1922, foi convidada pelo Ministério da Educação do Governo do México para levar a cabo um projeto de reforma educacional naquele país. Viajou o mundo todo para representar o seu país em comissões culturais das Nações Unidas. A força de sua liderança obrigou-a a abandonar o ensino para desempenhar diversos cargos diplomáticos na Europa. Foi cônsul no Brasil nos anos 1940, tendo vivido em Petrópolis. Era tida como exemplo de honestidade moral e intelectual. Tinha um profundo sentimento religioso. Certa vez, ela escreveu: "Dai-me, Senhor, a perseverança das ondas do mar, que fazem de cada recuo um ponto de partida para um novo avanço". Que qualidades extraordinárias para um líder, que palavras profundas!

Amor é comportamento

Comportamento é postura, modo de agir. Frisemos que, ao falar em amor, é natural que logo venha à nossa mente o sentimento do amor. Mas não é de sentimento que se está falando. É de comportamento, atitude.

O amor é atitude, é decisão também. Dada a importância, voltaremos ao tema no capítulo 10.

O amor comportamento se constrói sobre a vontade. O amor é sempre fundamentado na vontade. É preciso decidir amar, ter a vontade de fazê-lo por meio de nosso comportamento. O amor não existiria, não seria palpável, tangível, se não pudesse ser exteriorizado. O amor em ação pode ser visto, tocado e apreciado.

O filósofo alemão Immanuel Kant disse: "Amar ao próximo quer dizer cumprir com satisfação todos os deveres para com o próximo".

O comportamento deve ser verdadeiro, não é um faz de conta, pois a hipocrisia é logo desmascarada pelas atitudes.

Nesse sentido, disse o Profeta Muhammad (S):

"Existem quatro hábitos que, se se encontram num indivíduo, indicarão que é um perfeito hipócrita. Se é encontrado algum destes comportamentos num indivíduo, então se constata que tem um sinal de hipocrisia, até que o abandone. As quatro características de um hipócrita são: 1) quando lhe é confiado algo, trai; 2) quando fala, mente; 3) quando promete, não cumpre; e (4) quando disputa, se irrita" (Mutaffac alaih – JV – 728:1543).

Vontade

Vontade é uma força interior que impulsiona o indivíduo a realizar algo, a atingir seus fins ou desejos. Tem a ver com ânimo, determinação e firmeza. A vontade desperta a intenção, que por sua vez transforma-se em palavra, e esta, em ação.

O filósofo grego Sócrates registrou, com muito acerto: "Reconhece-se o verdadeiro filósofo pelos seus atos, e não pelas suas palavras".

O indiano Bhaktivedanta Swami Srila Prabhupada, fundador do movimento Hare Krishna, assinalou: "O exemplo vale mais que o preceito".

Essas frases nos dão a noção da dimensão do vazio que é pensar sem agir. Em termos numéricos, intenções menos ações são iguais a nada. Intenções menos ações são equivalentes a zero, um nada que em nada altera o mundo à nossa volta. No meio audiovisual, é célebre a frase: "Uma imagem vale por mil palavras".

Todas as boas intenções do mundo não significam nada se não forem acompanhadas por ações. A sabedoria popular nos ensina: "A estrada para o inferno é pavimentada de boas intenções". Ou, ainda, "de boas intenções o inferno está cheio".

Você deve estar cansado de ouvir empresários dizerem que seus colaboradores são a mais valiosa fortuna de suas empresas. No entanto, suas ações não correspondem ao que dizem, limitando-se a fazer com que as tarefas sejam cumpridas. O relacionamento é desdenhado.

E, na família, quantos pais não espalham aos sete ventos que amam os seus filhos, mas "não têm tempo" de dizer isso a eles? Pense nesta pequena lição:

> *Um viajante caminhava pelas margens de um grande lago de águas cristalinas e imaginava uma forma de chegar até o outro lado, que era seu destino. Suspirou profundamente, enquanto tentava fixar o olhar no horizonte. A voz de um homem de cabelos brancos quebrou o silêncio momentâneo, oferecendo-se para transportá-lo. Era um barqueiro. O pequeno barco envelhecido, no qual a travessia seria realizada, era provido de dois remos de madeira de carvalho. O viajante olhou detidamente e percebeu o que pareciam ser letras em cada remo. Ao colocar os pés empoeirados dentro do barco, observou que eram mesmo duas palavras. Num dos remos estava entalhada a palavra "acreditar", e no outro, "agir". Não podendo conter a curiosidade, perguntou a razão daqueles nomes originais dados aos remos. O barqueiro pegou o remo no qual estava escrito "acreditar" e remou com toda a força. O barco, então, começou a dar voltas, sem sair do lugar em que estava. Em seguida, o homem pegou o remo em que estava escrito "agir" e remou com todo o vigor. Novamente o barco girou em sentido oposto, sem ir adiante. Finalmente, o velho barqueiro, segurando os dois remos, movimentou-os ao mesmo tempo, e o barco, impulsionado por ambos os lados, navegou através das águas do lago, chegando calmamente à outra margem. Então o barqueiro disse ao viajante:*

> — *Este barco pode ser chamado de autoconfiança. E a margem é a meta que desejamos atingir. Para que o barco da autoconfiança navegue seguro e alcance a meta pretendida, é preciso que utilizemos os dois remos ao mesmo tempo e com a mesma intensidade: agir e acreditar.*

A verdadeira liderança requer sacrifício. Exige trabalho árduo. Requer muito esforço. Nossas intenções pouco significam se não forem acompanhadas de ações. Por isso, vontade é a resultante de intenções mais ações. A vontade transforma as intenções em ações. Deus, Louvado, diz:

"[...] Sejam quais forem vossas metas, emulai-vos (empenhai-vos) nas boas ações [...]" (Alcorão – A Vaca 2:148).

E disse o Profeta (S):

"Deus não observa os vossos corpos ou as vossas aparências, mas sim os vossos corações e as vossas obras" (Musslim – JV – 26:7).

O ensinamento do Profeta (S) é peremptório, significando que, além das intenções, devemos ter ações, agir, obrar de acordo com o nosso coração. Nossas ações é que estarão sempre sendo avaliadas. São elas que ficam expostas aos olhares de nossos semelhantes. No final desta jornada seremos julgados de acordo com elas.

Quando nossas ações estiverem de acordo com nossas intenções, em sintonia, nós nos tornaremos pessoas harmoniosas e líderes coerentes. Seja em casa, na escola, no trabalho ou no clube, saiba que a incoerência nunca passa despercebida, ela é logo notada, e, depois disso, a desconfiança dos outros passa a ser uma companheira amarga.

Portanto, a liderança começa com a vontade, que é nossa única capacidade como seres humanos de sintonizar nossas intenções com nossas ações e escolher nosso comportamento.

É preciso ter vontade para escolher amar, isto é, identificar as reais necessidades (não os desejos) daqueles que lideramos. Para amar é necessário decidir fazê-lo. Para atender às necessidades, precisamos nos dispor a servir e até mesmo a nos sacrificar. Quando servimos e nos sacrificamos pelos outros, exercemos autoridade ou influência. É a "lei da colheita". E, quando exercemos autoridade com as pessoas, ganhamos o direito de ser chamados de líderes.

Liderança, pois, é identificar e satisfazer necessidades. Disse o Profeta Muhammad (S):

"Somente dois indivíduos merecem ser invejados: primeiro, aquele a quem Deus concedeu riqueza para gastar numa causa digna; segundo, aquele a quem Deus concedeu sabedoria pela qual ele julga e com a qual ele ensina" (Mutaffac alaih – JV – 158:544).

Gastar a riqueza em causas nobres é, sem dúvida, servir ao próximo, é atender-lhe as necessidades básicas. Usar a sabedoria para julgar e ensinar nada mais é do que servir ao próximo, atender suas necessidades legítimas de justiça e de aprendizagem.

Aicha (R), indagada acerca do que fazia o Profeta (S) quando se encontrava em casa, disse:

"Estava sempre a serviço da sua família; e quando chegava a hora da oração, saía para fazê-la na mesquita" (Bukhári – JV – 172:606).

Outro exemplo de serviço, ou hábito do Profeta (S) de servir, está na seguinte narrativa:

"Certa ocasião fui ter com o Mensageiro de Deus (S) quando se encontrava pregando a exortação, e lhe disse: Ó Mensageiro de Deus, sou um estranho que veio perguntar acerca da religião. Dela nada sei! Então, aproximou-se de mim, interrompendo a sua prelação. Trouxe-lhe uma cadeira e, uma vez sentado, começou a me ensinar o que Deus lhe havia ensinado. Depois voltou e completou a sua exortação" (Musslim – JV – 172:607).

É espantosa a paciência e a vontade de servir ao próximo. O Profeta (S) interrompeu seu discurso para ensinar, pacientemente, a religião àquele que dela nada sabia.

Liderança a serviço

A liderança a serviço, na perspectiva de James Hunter, pode ser esboçada assim:

- Liderança
- Autoridade
- Serviço e Sacrifício
- Amor
- Vontade

Vontade é sintonizar intenções com ações para ter um bom comportamento; Amor é identificar as reais necessidades de seus liderados; Serviço e sacrifício representam a força que leva ao atendimento das necessidades; Autoridade decorre de servir e se sacrificar pelos outros; Liderança é um direito decorrente da autoridade.

Existem quatro marcas que distinguem um líder competente e espiritual:

1. O líder reconhece claramente as necessidades.
2. O líder se preocupa pessoalmente com a necessidade.
3. O líder dedicado vai primeiro a Deus com o problema e volta com a solução.
4. O líder está disponível para atender à necessidade.

Em outras palavras, deve-se reconhecer claramente a necessidade; envolver-se nela; levá-la a Deus (reflexão); e satisfazer a necessidade. O líder deve estar bem espiritualmente para resolver as extenuantes questões decorrentes de seu mister. Então, lembre-se de Platão: "Para crer em Deus, basta erguer os olhos ao céu".

Apenas para contextualizar melhor e reforçar a ideia, na arte dramática a linha narrativa clássica assim se desenvolve: um estado atual; uma situação desestabilizadora; um estado de luta ou de conflito; e um ajuste final. Diz-se que o personagem deve tomar consciência do problema, envolver-se com ele e levá-lo ao ápice de uma solução.

O líder prioriza as necessidades de seus liderados. Ilustrativamente, enfatizou o Profeta (S):

"Aquele que aliviar, de um crente, uma angústia, das angústias desta vida, Deus aliviará algumas das angústias no Dia do Juízo; e aquele que resolver a dificuldade de um necessitado, Deus resolverá as dificuldades, tanto nesta como na Outra Vida; e à pessoa que for discreta para com as faltas de um muçulmano, Deus será discreto com as faltas dela, nesta e na Outra, e Deus estará ajudando o servo enquanto este estiver ajudando o seu irmão [...]"(Musslim – JV – 195:245).

10

Amor

·•·┤⋑⋘◊⋙⋐├·•·

Quem não gosta de ser valorizado? Quem não quer ser reconhecido? Como você reage ao desprezo? Quando você fala, as pessoas prestam atenção em você? Você costuma ficar atento a quem está falando?

Se há algo que exige muito esforço de nossa parte é, sem dúvida, prestar atenção ao que os outros falam. Fazer isso é uma grande mostra de respeito; faz com que o outro se sinta valorizado e importante.

Pitágoras de Samos, matemático e filósofo grego, dizia: "Quem fala semeia; quem escuta recolhe".

Saiba que você pode estar deixando de ganhar tesouros ao não escutar a quem fala. Escutar pode garantir-lhe um lugar de destaque na empresa. Lembre-se de que a beleza de uma peça musical está na audição, e não na leitura da partitura.

Preste atenção a esta parábola:

No século III d.C., um rei mandou seu filho, o príncipe T'ai, estudar no templo com o grande mestre Pan Ku. O objetivo era preparar o príncipe, que iria suceder ao pai no trono, para ser um grande administrador. Quando o príncipe chegou ao templo, o mestre logo o mandou, sozinho, à floresta. Ele deveria voltar um ano depois, com a tarefa de descrever os sons da floresta. Passado o prazo, o príncipe retornou e o mestre lhe pediu que descrevesse os sons de tudo aquilo que tinha conseguido ouvir. "Mestre", disse o príncipe, "pude ouvir o canto dos pássaros, o roçar das folhas, o alvoroço dos beija-flores, a brisa batendo suavemente na grama, o zumbido das abelhas e o barulho do vento cortando os céus". Quando o príncipe terminou, o mestre mandou-o de volta à floresta, para ouvir tudo o mais que fosse possível. O príncipe ficou intrigado com a ordem. Ele já não tinha distinguido cada som da floresta? Por longos dias e noites, o príncipe se sentou sozinho na floresta, ouvindo, ouvindo. Mas não conseguiu distinguir nada de novo além daqueles sons já mencionados ao mestre. Então, certa manhã, sentado entre as árvores, começou a discernir sons vagos, diferentes de tudo o que ouvira antes. Quanto mais atenção prestava, mais claros os sons se tornavam. Uma sensação de encantamento tomou conta do rapaz. "Esses devem ser os sons que o mestre queria que eu ouvisse", pensou. Sem pressa, o príncipe passou horas ali, ouvindo e ouvindo, pacientemente. Queria ter a certeza de que estava no caminho certo. Quando o príncipe retornou ao templo, o mestre lhe perguntou o que mais ele tinha conseguido ouvir. "Mestre – respondeu reverentemente o príncipe –, quando prestei mais atenção, pude ouvir o inaudível; o som das flores se abrindo, do sol aquecendo a terra e da grama bebendo o orvalho da manhã." O mestre meneou a cabeça em sinal de aprovação. "Ouvir o inaudível é ter a disciplina necessária para se tornar um grande administrador. Apenas quando aprende a ouvir o coração das pessoas, seus sentimentos mudos, os medos não confessados e as queixas silenciosas e reprimidas, um administrador pode inspirar confiança a seus comandados, entender o que está errado e atender às reais necessidades dos liderados."

A morte de uma empresa começa quando os líderes ouvem apenas as palavras pronunciadas pela boca, sem mergulhar a fundo na alma das pessoas para ouvir seus sentimentos, desejos e opiniões reais.

Ouvir não é apenas escutar o som das palavras que saem pela boca, mas o coração de quem fala. Analisando o modo de vida de líderes que se tornaram famosos, podemos notar, além da generosa habilidade de prestar atenção ao que o outro fala, uma capacidade incrível de reagir. O líder tem estes predicativos:

a) Avalia situações com profundidade e rapidamente chega ao âmago da questão para resolvê-la.
b) Quando desafiado, não fica na defensiva. É seguro.
c) Não impõe suas crenças. Expõe claramente sua posição a respeito das coisas.
d) É gentil, apaziguador. Tem um sorriso permanente e um brilho nos olhos que transmite alegria.

Amar ao próximo é despender esforço, sacrifício, serviço, é ouvi-lo. Seja um bom ouvinte!

Amor ação

É da disposição do amor ação (não sentimento) que nasce uma relação duradoura. De nada adianta amar uma pessoa internamente, na intimidade do coração, mas não mover uma palha para demonstrar esse sentimento. É o amor incondicional (sem exigir nada em troca), baseado no comportamento que tenho com os outros, que vai fortalecer uma relação saudável.

Quando Jesus (AS) disse para amar ao próximo, não estava mandando que tivéssemos um sentimento ou uma emoção pelo outro. É difícil, senão impossível, impor algo ao coração. A admoestação significa que devemos ter um comportamento bom em relação aos outros, inclusive com os inimigos. Isso é amar ao próximo. Quando indagado sobre aqueles que dominaram o seu país, Gandhi respondeu: "O meu amor não é exclusivo. Não posso amar os hindus e odiar os ingleses".

Disse o Profeta Muhammad (S):

"Juro por Quem tem a minh'alma em Suas mãos que não alcançareis o Paraíso até que sejais autênticos crentes; e não sereis autênticos crentes até que vos ameis uns aos outros. Quereis que vos indique algo que, se o fizerdes, vos amareis mais? Pois difundi a saudação entre vós" (Musslim – JV 122:378).

O que o Profeta (S) recomenda nada mais é do que intensificar nossas ações para que amemos mais. É a prática do amor ação. O ato de saudar corretamente uma pessoa, seja ela conhecida ou não, cumprimentar de forma cortês e sincera, estreita os laços, conduz à amizade e eleva o amor.

Quantas pessoas nós conhecemos que dizem de boca cheia e peito estufado: "Eu amo os meus filhos"? Entretanto, não conseguem separar quinze minutos do seu precioso dia para estar com eles. Outros, por onde passam, declaram amar suas esposas, mas vivem por aí flertando com outras mulheres. São incapazes de agir de acordo com o que dizem. Não vivem o amor comportamento.

Separe alguns minutos do dia para os seus filhos. Nesse mar de correrias, lembre-se de que, em breve, serão eles os timoneiros do navio. Navegarão em águas calmas ou em tempestades e poderão chegar mais facilmente a um porto seguro, dependendo do tipo de relacionamento que você tem com eles. Seja atencioso.

> *Um cientista vivia preocupado com os problemas do mundo e estava resolvido a encontrar meios de minorá-los. Passava dias em seu laboratório em busca de respostas para suas dúvidas. Certo dia, seu filho de sete anos invadiu o seu santuário decidido a ajudá-lo a trabalhar. O cientista, nervoso com a interrupção, tentou convencer o filho a brincar em outro lugar. Vendo que seria impossível demovê-lo, procurou algo que pudesse ser oferecido ao filho com o objetivo de distrair sua atenção. De repente, deparou-se com o mapa do mundo. Era o que procurava! Com o auxílio de uma tesoura, recortou o mapa em vários pedaços e, junto com um rolo de fita adesiva, entregou os recortes ao filho, dizendo:*
> *— Você gosta de quebra-cabeças? Então vou lhe dar o mundo para consertar. Aqui está o mundo todo quebrado. Veja se consegue consertá-lo direitinho! Faça tudo sozinho.*
> *Calculou que a criança levaria dias para recompor o mapa. Algumas horas depois, ouviu a voz do filho chamando-o calmamente:*
> *— Pai, pai, já fiz tudo. Consegui terminar tudinho!*
> *A princípio o pai não deu crédito às palavras do filho. Seria*

impossível, na sua idade, ter conseguido recompor um mapa que jamais havia visto. Relutante, o cientista levantou os olhos de suas anotações, certo de que veria um trabalho digno de uma criança. Para sua surpresa, o mapa estava completo. Todos os pedaços haviam sido colocados nos devidos lugares. Como seria possível? Como o menino havia sido capaz?

— Você não sabia como era o mundo, meu filho, como conseguiu?

— Pai, eu não sabia como era o mundo, mas, quando você tirou o papel da revista para recortar, eu vi que do outro lado havia a figura de um homem. Quando você me deu o mundo para consertar, eu tentei, mas não consegui. Foi aí que me lembrei do homem. Virei os recortes e comecei a consertar o homem, que eu sabia como era. Quando consegui consertar o homem, virei a folha e vi que havia consertado o mundo.

É verdade que não podemos, muitas vezes, controlar o que sentimos a respeito de uma pessoa, mas podemos controlar como nos comportaremos com relação a ela. Assim, você tem a opção de se comportar amorosamente, sendo paciente, respeitoso e honesto, ou tratá-la mal e com desprezo.

As qualidades do amor comportamento são iguais às da LIDERANÇA: paciência, bondade, humildade, respeito, generosidade (abnegação), perdão, honestidade, compromisso, justiça, desprendimento.

Repare, mais uma vez, que nenhuma dessas qualidades é sentimento. Todas elas são comportamentos.

Tais qualidades são também atributos da autoridade. Amor e liderança são sinônimos e formam o caráter de uma pessoa.

Atributos de um líder

Examinemos os principais atributos de um líder.

a) Honestidade

Ser livre de engano espelha o real significado de honestidade. Não se trata de simples transparência, pois uma pessoa pode estar agindo erradamente às claras – espalhando boatos e calúnias contra alguém, por exemplo. Ser honesto é ser franco, claro e objetivo. É desejar ao seu semelhante o que deseja para si próprio. Agir livre de engano pode, às vezes, ser difícil, mas tenha a certeza de que no final sempre valerá a pena. É o que extraímos do belo exemplo a seguir.

Havia muito tempo, vivia um mestre com um grande número de discípulos em um templo arruinado. Os discípulos sobreviviam com esmolas e doações conseguidas numa cidade próxima. Logo, muitos deles começaram a reclamar das péssimas condições em que viviam. Em resposta, o velho mestre disse: "Nós devemos reformar as paredes do templo. Desde que nós ocupamos o nosso tempo somente estudando e meditando, não há tempo para que possamos trabalhar e arrecadar o dinheiro de que precisamos. Assim, eu pensei numa solução simples". Todos os estudantes se reuniram diante do mestre, ansiosos para ouvir suas palavras. O mestre continuou: "Cada um de vocês deve ir para a cidade e roubar bens que poderão ser vendidos para a arrecadação de dinheiro. Dessa forma, seremos capazes de fazer uma boa reforma em nosso templo". Os estudantes ficaram espantados por tal sugestão ter partido do sábio mestre. Mas, como todos tinham o maior respeito por ele, não fizeram nenhum protesto. O mestre disse logo a seguir, de modo bastante severo: "No sentido de não manchar a nossa excelente reputação, por estarmos cometendo atos ilegais e imorais, solicito que cometam o roubo somente quando ninguém estiver olhando. Eu não quero que ninguém seja pego". Quando o mestre se afastou, os estudantes discutiram o plano entre eles. "É errado roubar", disse um deles. "Por que nosso mestre nos pediu que cometêssemos esse ato?". Outro respondeu em seguida: "Isso permitirá que possamos reformar o nosso templo, o que é uma boa causa". Assim, todos concordaram que o mestre era sábio e justo e deveria ter uma razão para fazer tal tipo de requisição. Logo, partiram em direção à cidade, prometendo coletivamente que não seriam pegos, para não causar a desgraça para o templo. "Sejam cuidadosos e não deixem que os vejam roubando", incentivavam uns aos outros. Todos os estudantes, com exceção de um, foram para a cidade. O sábio mestre se aproximou dele e perguntou-lhe:

"Por que você ficou para trás?". O garoto respondeu: "Eu não posso seguir as suas instruções para roubar onde ninguém esteja me vendo. Não importa aonde eu vá, eu estarei sempre olhando para mim mesmo. Meus próprios olhos me verão roubando". O sábio mestre abraçou o garoto com um sorriso de alegria e disse: "Eu somente estava testando a integridade dos meus estudantes, e você é o único que passou no teste". Após muitos anos, o garoto se tornou um grande mestre.

Ser honesto implica esclarecer as expectativas das pessoas, tornando-as responsáveis, dispondo-se a transmitir tanto as más notícias quanto as boas; dando às pessoas um retorno, sendo firme, previsível e justo. Em suma, nosso comportamento deve ser isento de engano e dedicado à verdade a todo custo.

O Profeta (S) disse:

"Juro por Aquele em Cujas mãos se encontra minh'alma, que tendes a obrigação de pregar a prática do bem e combaterdes a prática do mal [...]" (Tirmizi – JV – 80:193).

Importante: a confiança é construída pela honestidade e mantém a união nos relacionamentos. Não exigir das pessoas (familiares, colaboradores etc.) o cumprimento correto de suas tarefas é ser desonesto.

Na empresa, o líder deve estabelecer e exigir de seu pessoal um alto padrão de responsabilidade, pois tem a consciência de que foi contratado para isso. Não agir assim é o mesmo que furtar seu empregador, que lhe paga salário para conduzir as coisas de forma correta.

O Profeta (S) ensinou:

"Quem dentre vós presenciar uma ação condenável, que se oponha a ela com suas mãos; se não puder, que o faça com suas palavras; se também não puder, que o faça com o coração, sendo que isso é o mínimo que se espera da sua fé" (Musslim – JV – 78:184).

É comum vermos pessoas encolhidas e vergadas diante de políticos desonestos ou empresários abastados e arrogantes, sentindo-se impotentes para lhes dirigir palavras verdadeiras e honestas. O Profeta (S) ensinou:

"O melhor jihad (sacrifício, luta, ação) é a pessoa falar o que é justo perante um governante tirano" (Abu Daúd e Tirmizi – JV – 80:194).

A honestidade só dá bons frutos. Aprecie a fábula a seguir.

Por volta do ano 250 a.C., na China antiga, um certo príncipe da região de Thing-Zda, norte do país, estava às vésperas de ser coroado imperador, mas, de acordo com a lei, ele deveria se casar. Sabendo disso, ele resolveu criar uma disputa entre as moças da corte ou quem quer que se achasse digna de sua auspiciosa proposta. No dia seguinte, o príncipe anunciou que receberia, numa celebração especial, todas as pretendentes e lançaria um desafio. Uma velha senhora, serva do palácio havia muitos anos, ouvindo os comentários sobre os preparativos, sentiu uma leve tristeza, pois sabia que sua jovem filha nutria um sentimento de profundo amor pelo príncipe. Ao chegar em casa e relatar o fato à jovem, espantou-se ao ouvir que ela pretendia ir à celebração e indagou, incrédula:

— Minha filha, o que acha que fará lá? Estarão presentes todas as mais belas e ricas moças da corte. Tire essa ideia insensata da cabeça. Eu sei que você deve estar sofrendo, mas não torne o sofrimento uma loucura.

A filha respondeu:

— Não, querida mãe, não estou sofrendo e muito menos louca. Eu sei que jamais poderei ser a escolhida, mas é minha oportunidade de ficar pelo menos alguns momentos perto do príncipe. Isso já me torna feliz, pois sei que meu destino é outro.

À noite, a jovem chegou ao palácio. Lá estavam, de fato, todas as mais belas moças, com as mais lindas roupas, as mais caras joias e as mais firmes intenções. Então, finalmente, o príncipe anunciou o desafio:

— Darei, para cada uma de vocês, uma semente. Aquela que, dentro de seis meses, me trouxer a mais bela flor, será escolhida minha esposa e futura imperatriz da China.

A proposta do príncipe não fugiu às profundas tradições daquele povo, que valorizava muito a especialidade de cultivar algo, fossem costumes, amizades, relacionamentos. O tempo passou, e a doce jovem, como não tinha muita habilidade nas artes da jardinagem, cuidava com muita paciência e ternura de seu vaso, pois sabia que se a beleza das flores surgisse na

mesma extensão de seu amor, ela não precisaria se preocupar com o resultado. Passaram-se três meses e nada surgiu. A jovem de tudo tentara, usara de todos os métodos que conhecia, mas nada havia nascido, e dia a dia ela percebia cada vez mais longe o seu sonho, mas cada vez mais profundo o seu amor. Por fim, os seis meses haviam passado, e ela nada havia cultivado. Consciente do seu esforço e dedicação, comunicou à sua mãe que, independentemente das circunstâncias, retornaria ao palácio, na data e hora combinadas, pois não pretendia nada além de mais alguns momentos na companhia do príncipe. Na hora marcada, estava lá, com seu vaso vazio, bem como todas as pretendentes, cada uma com uma flor mais bela do que a outra, de todas as formas e cores. Ela estava absorta, pois nunca havia presenciado tão bela cena. E finalmente chega o momento esperado. O príncipe observa cada uma das pretendentes com muita atenção e, após passar por todas, uma a uma, anuncia o resultado e indica a bela jovem, filha da serva, como sua futura esposa. As pessoas presentes tiveram as mais inusitadas reações. Ninguém compreendeu por que ele havia escolhido justamente aquela que nada havia cultivado. Então, calmamente, ele esclareceu:
— Esta foi a única que cultivou a flor que a tornou digna de se tornar uma imperatriz, a flor da honestidade, pois todas as sementes que entreguei eram estéreis.

b) Paciência

Ser paciente é saber esperar diante do desconhecido ou daquilo que a nossa compreensão não alcança. É mostrar autocontrole diante de uma adversidade.

A paciência é um tesouro, disse o Profeta Muhammad (S):

"Não guardarei nada comigo de valioso que possa dar-vos. Porém, quanto àquele que se abstiver de ou se recusar a pedir, Deus lhe satisfará as necessidades; e quanto a quem buscar a autossuficiência, Deus o fará autossuficiente; e quanto a quem buscar ser paciente, Deus o tornará paciente. Ninguém usufruirá de uma graça maior do que a paciência" (Mutaffac alaih – JV – 77:26).

Quem saberia esperar como Jó (AS)?

"E recorda-te de quando Jó invocou a seu Senhor dizendo: Em verdade, a adversidade tem-me atingido; porém, Tu és o mais clemente dos misericordiosos!" (Alcorão – Os profetas 21:83).

Paciência é espírito, não corpo. Disse o Profeta Muhammad (S):

"O forte não é aquele que vence a outros na luta corporal, mas sim aquele que controla o seu temperamento no momento da ira" (Mutaffac alaih – JV – 179:647).

Uma pessoa impaciente terá de "pregar muitos pregos atrás da porta" e destruirá completamente seus relacionamentos se não mudar. É o que nos mostra a história a seguir.

> Esta é a história de um menino que tinha um mau caráter. Seu pai lhe deu um saco de pregos e lhe disse que, cada vez que perdesse a paciência, deveria pregar um prego atrás da porta. No primeiro dia, o menino pregou 37 pregos. Nas semanas que se seguiram, à medida que ele aprendia a controlar seu gênio, pregava cada vez menos pregos. Com o tempo, descobriu que era mais fácil controlar seu gênio que pregar pregos atrás da porta. Chegou o momento em que pôde controlar seu caráter durante todo o dia. Depois de informar a seu pai, este lhe sugeriu que retirasse um prego a cada dia que conseguisse se controlar. Os dias se passaram, e o jovem pôde finalmente anunciar a seu pai que não havia mais pregos atrás da porta. Seu pai o pegou pela mão, o levou até a porta e lhe disse: "Meu filho, vejo que tens trabalhado duro, mas olha todos estes buracos na porta. Ela nunca mais será a mesma. Cada vez que tu perdes a paciência, deixas cicatrizes, exatamente como as que vês aqui. Tu podes insultar alguém e retirar o insulto, mas, dependendo da maneira como falas, poderá ser devastador, e a cicatriz ficará para sempre.

c) Bondade

Ser bondoso significa dar atenção, incentivar e apreciar o outro. Trata-se da forma como agimos e não como nos sentimos. É preciso exteriorizar, verbalizar atitudes que valorizem a outra pessoa. Bondade e generosidade são qualidades de quem é inclinado a fazer o bem.

O Profeta (S) ressaltou essa importante qualidade:

"Quem crê verdadeiramente em Deus e no Último Dia deve ser generoso para com os convidados. E quem crê em Deus e no Último Dia deve se relacionar com seus parentes. E quem crê em Deus e no Último Dia deve falar o que é certo, com bondade, ou ficar calado" (Mutaffac alaih – JV – 226:314).

Dar atenção

Podemos dar atenção a uma pessoa apenas olhando para ela, conversando com ela, mas ouvir ativamente o que ela fala é a melhor forma de fazê-lo. Ouvir ativamente requer esforço consciente e disciplinado para silenciar toda a conversação interna enquanto o outro fala. O ato de pensar é quatro vezes mais rápido do que o de falar. Por isso, há muito ruído interno – conversação interna – acontecendo em nossa cabeça enquanto tentamos ouvir.

O ouvinte ativo tenta ver as coisas como quem fala as vê, e sentir as coisas como quem fala as sente. Essa identificação com quem fala se chama empatia. Para criar empatia, imagine-se dançando com a outra pessoa, seguindo seus passos de forma elegante e educada. O escritor e dramaturgo francês Pierre Carlet de Chamblain de Marivaux assinalou: "Saber ouvir é quase responder".

A propósito da dramaturgia, vale lembrar que a identificação (empatia) entre o espectador e a história contada se dá quando o primeiro se vincula a um personagem e começa a ver sob a sua ótica. A partir disso, no decorrer da história (filme, novela, peça teatral, livro etc.), passamos a torcer intimamente pelo personagem.

Existem quatro maneiras essenciais de nos comunicarmos com os outros: ler, escrever, falar e ouvir. Em ordem decrescente, gastamos mais tempo em ouvir, falar, ler e, por último, em escrever. Isso não significa que nos concentramos realmente naquilo que estamos fazendo. Você pode estar em uma sala de aula e não escutar uma única palavra do que o professor diz. Isso é tempo perdido. Não houve aproveitamento das informações transmitidas. O seu nível de eficiência será baixíssimo.

Preste atenção agora: o tempo gasto com as variadas formas de comunicação vai transcorrer, quer haja aproveitamento, quer não. Então, passe a se concentrar naquilo que faz, para elevar o seu nível de eficiência.

De acordo com o gráfico a seguir, formado pelas linhas do tempo e da eficiência, pessoas desconcentradas estão no vértice e apresentam zero de eficiência (perderam tempo e dinheiro). É uma questão de lógica: se você eleva um pouco sua concentração em qualquer das formas de se comunicar, sua eficiência aumenta.

Concentrando-se realmente no ato de escrever, você tem mais aproveitamento e ganha 10 pontos de eficiência; prestando atenção ao que lê, ganha 15; a concentração no que fala o coloca com 20 pontos de eficiência; mas, se você é um bom ouvinte, terá 55 de eficiência e o seu aproveitamento lhe dará condições para ser um líder. No entanto, se você olhar mais uma vez para o gráfico, perceberá que a pessoa que desenvolve bem as quatro formas de comunicação atinge o nível máximo de excelência – onde estão os grandes líderes.

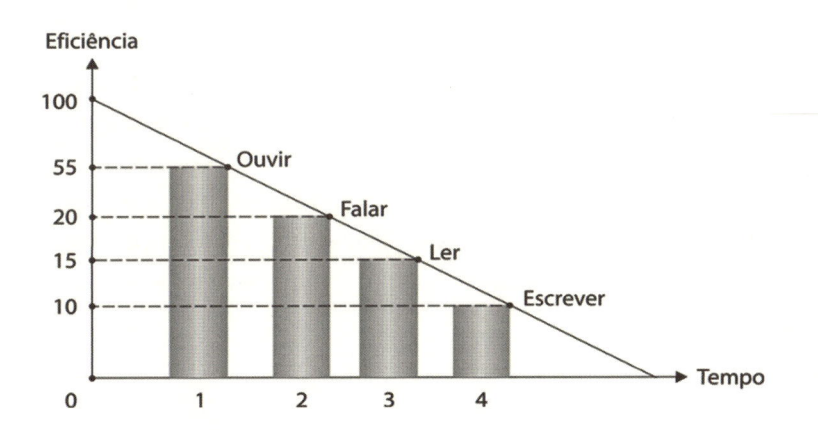

Contrariando o tempo normalmente gasto com cada uma das formas de comunicação, as escolas ensinam, na ordem inversa, primeiro a escrever, depois a ler e, em estágios mais avançados, a falar corretamente. Não está na hora de investir no ensino prático da arte de escutar? É essa a habilidade que elevará alguém ao nível de excelência da eficiência.

Prestar atenção às pessoas é uma necessidade humana legítima, que o líder não pode negligenciar. Muhammad (S), sabendo da importância disso, disse:

"Dize à gente que escute!" (Mutaffac alaih – JV – 191:698).

Quem ouve com atenção transmite, consciente e inconscientemente, a quem fala, duas mensagens maravilhosas:

1. Você é importante.
2. Eu me importo com você.

Com essas mensagens, a pessoa que fala sente-se extremamente valorizada. Passará a admirar e talvez até mesmo a seguir esse ouvinte atencioso. André Gide, escritor francês e prêmio Nobel de Literatura em 1947, escreveu: "Nada lisonjeia mais as pessoas do que o interesse que se presta ou se parece prestar àquilo que dizem".

Apreciação

No centro da personalidade humana está a necessidade de ser apreciado. Ao externar nossa apreciação sobre alguém, essa pessoa passa a enxergar qualidades que ela mesma não via antes ou que estavam adormecidas em seu íntimo.

Valorize sua equipe, aprecie as qualidades de cada um. O Profeta (S) manifestava apreciação nas qualidades de seus liderados:

"Uma vez o Profeta (S) me perguntou: 'Ó Ubai, sabes acaso que versículo do Alcorão Sagrado que está contigo é o mais magnificente?'. Eu disse: 'Alláhu lá iláha illá huwal hayul qaiyum' (Alcorão Sagrado, 2:256, conhecido como Versículo do Trono). Ele bateu no meu peito, num gesto de apreciação, e disse: 'Parabéns pelo teu conhecimento (do Alcorão Sagrado), ó Abu Al Munzir'" (Musslim – JV – 530:1019).

Para ilustrar:

> *O dono de um pequeno comércio, amigo do grande poeta Olavo Bilac, abordou-o na rua:*
> *— Sr. Bilac, estou precisando vender o meu sítio, que o senhor tão bem conhece. Poderia redigir o anúncio para o jornal?*
> *Olavo Bilac apanhou o papel e escreveu: "Vende-se encantadora propriedade, onde cantam os pássaros ao amanhecer, no extenso arvoredo. É cortada por cristalinas e refrescantes águas de um ribeiro. A casa, banhada pelo sol nascente, oferece a sombra tranquila das tardes, na varanda".*
> *Meses depois, topa o poeta com o homem e pergunta-lhe se havia vendido o sítio.*
> *— Nem pense mais nisso – disse o homem. - Quando li o anúncio é que percebi a maravilha que tinha!*

Por outro lado, para fazer uma apreciação sincera é necessário conhecer as pessoas. Não faça prejulgamentos nem avalie pelas aparências. Afinal de contas, gostosa deve ser a comida, e não o cardápio, não é mesmo?

Elogio
É uma legítima necessidade humana, essencial nos relacionamentos. Deve-se procurar o bem nos outros, ficando atento ao que as pessoas fazem bem. Esse olhar atento para o lado bom das pessoas faz com que passemos a ver coisas que não víamos antes.
Leia com atenção a fábula a seguir.

> *Contam que em uma marcenaria houve uma estranha assembleia. Foi uma reunião em que as ferramentas se juntaram para acertar suas diferenças. Um martelo estava exercendo a presidência, mas os participantes notificaram-no de que teria de renunciar. A causa? Fazia demasiado barulho e, além do mais, passava todo o tempo golpeando. O martelo reconheceu sua culpa, mas pediu que também fosse expulso o parafuso, dizendo que ele dava muitas voltas para conseguir algo. Diante do ataque, o parafuso concordou, mas, por sua vez, pediu a expulsão da lixa. Dizia que ela era muito áspera no tratamento com os demais, entrando sempre em atritos. A lixa acatou, com a condição de que se expulsasse o metro, que sempre media os outros segundo a sua medida, como se fosse o único perfeito. Nesse momento entrou o marceneiro, juntou todas as ferramentas e iniciou o seu trabalho. Ao final, transformara a madeira rústica em um lindo e fino móvel. Após a partida do marceneiro, a assembleia foi retomada. O serrote tomou a palavra e disse:*
> *— Senhores, ficou demonstrado que temos defeitos, mas o marceneiro trabalha com nossas qualidades, ressaltando nossos pontos valiosos. Assim, não pensemos em nossos pontos fracos e concentremo-nos em nossos pontos fortes.*
> *Todos se entreolharam e sentiram-se como uma equipe capaz de produzir móveis belíssimos e de qualidade. Uma grande e*

contagiante alegria tomou conta daquele ambiente. Concluíram que quando se busca com sinceridade os pontos fortes dos outros, florescem as melhores conquistas. Afinal, é fácil encontrar defeitos, qualquer um pode fazê-lo. Encontrar qualidades, porém... bem, isso é para os sábios!

O elogio deve ser sincero e específico. É importante reforçar um dado comportamento, porque o que é reforçado é repetido. Elogiar as boas notas de seu filho pode facilitar as coisas, e não custa nada fazê-lo. Mas lembre-se: elogie em público e repreenda na intimidade do lar. E não exagere nos elogios, pois elogiar muito estraga:

"Abu Mussa al Achari (R) relatou que em certa ocasião o Profeta (S) havia ouvido um homem elogiar outro, exagerando-se em seus louvores, e, por isso, disse: "Estás levando esse homem à perdição, pois quase lhe quebras a espinha!" (Mutaffac alaih – JV – 836:1788).

d) Humildade

Ser humilde é ser autêntico, sem pretensão nem arrogância. Ser um líder autêntico é ter a habilidade de ser verdadeiro com as pessoas. Humildade é pensar menos em si mesmo. O líder evita fazer críticas, mas, se o faz, emite as construtivas, sempre com a intenção de ajudar o outro a crescer.

Ser autêntico é fazer aquilo que se diz. Chamamos de falsas as pessoas que não são autênticas. Ninguém segue de boa vontade uma pessoa assim. Disse Muhammad (S):

"O hipócrita será reconhecido por três instâncias: quando conta algo, mente; quando se compromete com algo, não cumpre; e quando nele se confia, trai a confiança" (Mutaffac alaih – JV – 189:689).

Os arrogantes e orgulhosos normalmente fingem que não precisam dos outros. Acham que não são dependentes das outras pessoas. Esse tipo de gente deveria ler sempre esta declaração: "Um par de mãos me tirou do útero de minha mãe; outro trocou minhas fraldas, me alimentou, nutriu, me ensinou a ler e a escrever. Outros pares de mãos cultivam minha comida, fornecem tudo de que necessito para me desenvolver, e sei que, no fim, um par de mãos carregará meu caixão".

O Profeta Moisés (AS), dotado de muita força física e espiritual, é um exemplo a ser seguido de transparência e humildade, conforme nos revela o Alcorão Sagrado na seguinte passagem:

"Suplicou-Lhe: Ó Deus meu, dilata-me o peito; facilita-me a tarefa; e desata o nó de minha língua, para que compreendam a minha fala. E concede-me um vizir dentre os meus, que seja meu irmão Aarão, que me fortalecerei com ele" (Alcorão – Taha 20:25-31).

Observe que Moisés (AS), mesmo estando a serviço de Deus, revelou seus medos e fraquezas, tendo a coragem de reconhecer que precisava da ajuda de seu irmão para falar com o Faraó, que havia transgredido todos os limites. O líder que sabe pedir cresce ainda mais!

O Profeta Muhammad (S) era um exemplo de humildade, sendo ordenado a isso:

"Deus, louvado seja, me relatou que devemos adotar a modéstia e a humildade, e que ninguém se exceda nem seja ostentoso com os demais" (Musslim – JV – 756:1589).

A escritora e filósofa francesa Simone de Beauvoir escreveu, certa vez: "Não há uma polegada do meu caminho que não passe pelo caminho do outro".

E você, se acha autossuficiente? Pensa que pode fazer tudo sozinho? Acha que somente você sabe fazer as coisas? Talvez você tenha acabado de perder a chance de ganhar 1 milhão de dólares por ter dispensado o apoio de seu semelhante, ou deixou de ser líder por falta de humildade.

e) Respeito

Respeito é tratar os outros com cortesia, empatia e consideração, cultivando um ambiente em que todos se sintam ouvidos.

Valorize com sinceridade, trate os outros como pessoas importantes. Procure ver o outro com consideração. Você não é a única pessoa neste mundo. Os outros, como você, têm suas histórias, seus sonhos, individualidades. Respeite-os.

Você se considera importante? Então, lembre-se do que disse o Profeta (S):

"Nenhum de vós chegará a ser um verdadeiro crente, até que deseje para o seu irmão o que deseja para si mesmo" (Mutaffac alaih – JV – 78:183).

Deve-se tomar cuidado com as mensagens que transmitimos com algumas atitudes. Um exemplo disso, e que reflete desprezo, são as pessoas que têm o mau hábito de se atrasar para as reuniões. O atraso produz as seguintes impressões, ainda que não seja essa a intenção:

a) O tempo dele é mais importante do que o meu.

b) Eu não devo ser muito importante para ele, porque certamente seria pontual com alguém que julga importante.

c) Ele não é muito honesto, pois pessoas honestas cumprem a palavra e os compromissos, inclusive os de tempo.

É imperioso que respeitemos uns aos outros para tornar nosso convívio agradável e seguro. Deus, louvado, disse:

"Ó crentes, que nenhum povo zombe de outro [...] Não vos difameis, nem vos motejeis mutuamente com apelidos [...]" (Alcorão – Os aposentos 49:11).

Disse o Profeta (S):

"A pessoa que não tem compaixão de nossas crianças e não respeita os nossos idosos não pertence a nós" (Abu Daúd e Tirmizi – JV – 117:355).

f) Abnegação

Abnegação é renúncia, é desinteresse, significa satisfazer as necessidades dos outros antes das suas. O oposto de abnegação é egoísmo (minhas necessidades primeiro).

O Profeta (S) ensinou:

"Aquele que servir a bebida a outros deverá ser o último a beber" (Tirmizi – JV – 208:773).

De forma bastante singela e direta, o Mensageiro de Deus (S) ensina com essa sentença que servir é satisfazer as necessidades dos outros. Ninguém é obrigado a servir.

E servir é diferente de se servir. Se alguém resolve assumir uma posição de importância, deve ser para servir. Essa é uma importante característica de um líder autêntico. Se você prioriza seus projetos pessoais e busca autopromoção, tenha certeza de que sua equipe não o seguirá, não estará comprometida. Deve-se, pois, demonstrar que a meta almejada é o bem de todos.

É necessário ressaltar sempre: devemos satisfazer as necessidades, e não as vontades. Estas deixam as pessoas mimadas (por isso existem tantas crianças mimadas no mundo). Lembre-se de ser um servidor, e não um escravo.

g) Perdão

Perdão é a remissão de uma falta. Perdoar é desistir de ressentimento quando enganado ou prejudicado. Reflita: perdoamos rapidamente as asneiras e absurdos que cometemos. Será que perdoamos as asneiras e absurdos do outro com a mesma rapidez?

Deus, Altíssimo, diz:

"[...] quem perseverar e perdoar, saberá que isso é um fator determinante em todos os assuntos" (Alcorão – A Consulta 42:43).

Esse é um traço importante do caráter de um líder, pois, sabendo que as pessoas não são perfeitas – e tenha a certeza de que você também não é –, muitas vezes você será agredido. Alguns tentarão puxar o seu tapete; outros agirão para tomar o seu lugar. Você saberá perdoar? Jesus Cristo (AS) nos ensinou muito sobre o perdão. Relatou um companheiro do Profeta (S):

"É como se estivesse vendo agora o Mensageiro de Deus (S) nos falando de um dos Profetas de Deus (AS) que foi golpeado por sua própria gente até a sangria, dizendo enquanto limpava o sangue de seu rosto: 'Senhor, perdoa minha gente, porque não sabem o que fazem!'" (Mutaffac alaih – JV – 41:36).

Merece observação: perdoar não significa ignorar as coisas ruins que acontecem, nem deixar de lidar com elas à medida que surgem. Ao contrário, devemos ter um comportamento afirmativo com as pessoas. Não sejamos passivos nem agressivos. Aliás, a passividade é um inimigo.

Comportamento afirmativo consiste em ser aberto, honesto e direto com as pessoas, mas sempre de forma respeitosa. Perdoar é lidar de um modo afirmativo com as situações e, depois, desapegar-se de qualquer resquício de ressentimento.

Sigamos as palavras de Buda:

"Sede como o sândalo que perfuma o machado que o corta".

h) Compromisso

Ser comprometido é saber sustentar suas escolhas. É, talvez, a característica mais importante de um líder. Devem-se honrar os compromissos feitos na vida. Nossas escolhas são de nossa inteira responsabilidade. Por isso, é preciso firmeza para seguir pelos caminhos escolhidos, perseverando em busca do resultado pretendido.

Deus, Altíssimo, diz:

"Teu Senhor retribuirá a cada um segundo suas obras [...] Sê firme, pois, tal qual te foi ordenado [...]" (Alcorão – Hud 11:111-112).

Se você não estiver comprometido como líder, provavelmente desistirá de exercer autoridade e voltará à sua posição de poder. É sedutora a ideia de simplesmente levantar o dedo para que as pessoas comecem a se mexer. Elas têm receio de ser punidas, e o que vemos por aí é muita falta de compreensão e uma profusão de punições.

Pode até ser penosa a tarefa de liderar com autoridade, porém é a única forma de se conseguir que as pessoas, entusiasticamente, arregacem as mangas na busca de um objetivo comum, seja em casa, no trabalho, na escola, no clube, ou onde houver duas ou mais pessoas reunidas.

Perseverar e acreditar ainda são a única fórmula para alcançar as recompensas esperadas.

A promessa de Deus é clara:

"[...] Sabei que sempre sereis recompensados pelo que houverdes feito" (Alcorão – O monte 52:16).

A falta de compromisso apetece e propaga pensamentos e atitudes simplistas como estas: "Não gosto do trabalho, cruzo os braços"; "Não quero o bebê, aborto"; "Não quero mais a minha esposa, me separo"; "Não quero o vovô em casa, mando-o para o asilo". Entretanto, a responsabilidade de cada um é inalienável. Você será cobrado pela família, pela empresa e, inegavelmente, por Deus:

"Todo indivíduo será responsável pelos seus atos" (Alcorão – O Monte 52:21).

O líder comprometido dedica-se ao crescimento e aperfeiçoamento de seus liderados. O caráter de líder revela-se quando temos que nos doar aos agressivos e arrogantes, quando somos colocados à prova e temos que amar as pessoas de quem não gostamos tanto. É nessas horas que descobrimos nosso grau de comprometimento.

De acordo com Augusto Cury, "um excelente líder não é o que controla seus liderados, mas o que os estimula a fazer escolhas. Não é o que produz pesadelos, mas o que faz sonhar".

Repita-se: liderança é construída sobre autoridade ou influência, que por sua vez são construídas sobre sacrifício e serviço, que são construídos sobre o amor. Quando lidera com autoridade, o líder será chamado a doar-se, a amar, a servir e até a sacrificar-se pelos outros. A melhor pregação dispensa o uso da palavra. Atitude é tudo.

O médico, filósofo e teólogo alsaciano Albert Schweitzer escreveu: "Servir de exemplo não é a melhor forma de ensinar; é a única forma de ensinar".

Lembre-se de que a palavra convence, mas o exemplo arrasta.

> *Napoleão Bonaparte, sem dúvida, foi um dos maiores líderes que este mundo já conheceu. Certa vez, seu exército estava se preparando para uma das maiores batalhas. As forças adversárias tinham um contingente três vezes maior que o seu, além de um equipamento muito superior. Napoleão avisou seus generais de que ele estava indo para a frente de batalha, e estes procuraram convencê-lo a mudar de ideia:*
>
> *— Comandante, o senhor é o império. Se morrer, o império deixará de existir. A batalha será muito difícil. Deixe que nós cuidaremos de tudo. Por favor, fique. Confie em nós.*
>
> *Tudo em vão. Não houve nada que o fizesse mudar de ideia. No meio da noite, o general Junot, um de seus brilhantes auxiliares e também amigo, procurou-o e, de novo, tentou mostrar o perigo de ir para a frente de batalha. Napoleão olhou-o com firmeza e disse:*
>
> *— Não tem jeito, eu vou.*
>
> *— Mas por quê, comandante?*
>
> *— É mais fácil puxar do que empurrar!*

A atitude marca. Amar é atitude. Por isso, o verbo amar é definido como o ato ou atos de doação aos outros, identificando e atendendo suas legítimas necessidades. Comportamentos positivos acabam produzindo sentimentos positivos. O amor é algo que fazemos para os outros, e não apenas o que sentimos. Ações sempre falarão mais alto e serão muito mais importantes do que as palavras.

11

Ambiente

··⊰≪◇≫⊱··

Um ambiente edificante é essencial para o crescimento saudável de uma pessoa. Um ambiente pode ser rico ou pobre, grande ou pequeno, mas há de ser acolhedor, aconchegante, para que nele floresçam as mais belas qualidades do indivíduo.

Um líder é responsável pelo ambiente onde vivem ou trabalham seus liderados. Ali passam a maior parte do tempo de suas vidas. Fofocas e disputas internas destroem qualquer ambiente. Acabe com elas!

O que você tem feito para melhorar o ambiente em sua casa, no trabalho, na escola ou no clube? Esses locais têm contribuído para o crescimento pessoal daqueles que ali convivem com você? Lembre-se de que o ambiente é também a projeção da mente de uma pessoa. Se quiser melhorar o ambiente, faça-o primeiro em sua mente.

Deus, Louvado, diz:

"Ele fez-vos da terra um leito, e do céu um teto, e envia do céu a água, com a qual faz brotar os frutos para o vosso sustento [...]" (Alcorão – A Vaca 2:22).

Também:

"Ele foi Quem vos fez a terra manejável. Percorrei-a, pois, por todos os seus quadrantes e desfrutai das Suas mercês; a Ele será a Ressurreição!" (Alcorão – A Soberania 67:15).

E ainda:

"Deus vos fez a terra como um tapete, para que a percorrêsseis por amplos caminhos" (Alcorão – Noé 71:19-20).

Deus nos proporcionou um ótimo lugar para desenvolver nossas potencialidades. Criou o ambiente propício para que possamos aprender, ensinar, interagir uns com os outros.

Como é o ambiente que você criou para os seus filhos? É bom o ambiente que você proporciona para os seus colaboradores na empresa?

Pergunte-se: como seria ter-me como chefe? Como marido? Como pai? Estou proporcionando ambientes saudáveis? Estou realmente comprometido, como líder, a permitir que os outros se desenvolvam? Estou tendo paciência para esperar os resultados? Como são os relacionamentos nos ambientes sob a minha responsabilidade?

O líder deve primeiro se conhecer, saber como usa sua autoridade. É autocrático ou democrático. Sabendo o que é, poderá tentar melhorar, mudar posturas. É famosa a frase de Sócrates, o filósofo grego: "Conhece-te a ti mesmo e conhecerás o universo de Deus".

Para Paul Hersey e Kenneth Blanchard, a liderança eficaz é a situacional, pela qual três variáveis são consideradas: o estilo do líder, a maturidade do liderado e a situação. Seguindo essa ideia, o melhor modelo de liderança seria aquele adequado para cada situação.

O líder, portanto, deve ser flexível, perceptivo e ter bom senso. Saber eliminar mentiras no ambiente em que se trabalha e vive é essencial para um desenvolvimento sadio da equipe. A mentira leva ao precipício. Disse o Profeta Muhammad (S):

"A veracidade conduz à bondade, e a bondade conduz ao Paraíso. De sorte que se um homem disser constantemente a verdade, Deus o inscreverá como realmente veraz. A mentira conduz à perversidade, e a perversidade conduz ao Fogo. Desse modo, se um homem disser sempre mentiras, Deus o inscreverá como irremediavelmente mentiroso" (Mutaffac alaih – JV – 92:54).

Depósitos e retiradas

Devemos estar atentos aos nossos relacionamentos, pois de todos os relacionamentos humanos resultam contas bancárias relacionais – CBR, conforme consignou tão brilhantemente o escritor norte-americano Dale Carnegie.

CBR seria o seguinte: conhecemos uma pessoa hoje. O saldo da conta de relacionamento é neutro. Amadurece o relacionamento, fazemos depósitos e retiradas. Depósitos resultam do fato de sermos confiáveis, honestos, respeitosos, comprometidos etc. Retiradas resultam do fato de sermos agressivos, maus ouvintes etc.

Vamos repetir: quem não gostaria de se sentir valorizado? Algo que exige muito esforço é prestar atenção ao que as pessoas falam. Isso faz com que elas se sintam valorizadas e importantes.

Saiba que, a cada retirada que se faz de uma conta relacional, são necessários quatro depósitos para que o relacionamento volte a ficar igual ao que era antes do saque (4 x 1).

Por isso é importante ter consciência de que, em geral, as pessoas são muito sensíveis. Pesquisas apontam que 80% das pessoas se veem como acima da média. Isso significa que elas têm uma alta opinião sobre si mesmas.

Mesmo ao dizer a verdade a alguém – e isso deve ser feito sempre –, deve-se saber usar as palavras.

Um antigo conto árabe diz que um sultão sonhara ter perdido todos os dentes. Logo que acordou, mandou chamar seu adivinho, a quem narrou o horrendo sonho. O adivinho, segundo sua interpretação, disse sem rodeios que cada dente perdido significava a perda de um parente. O sultão ficou furioso com o atrevimento do homem por dizer semelhante coisa. Chamou seus guardas e ordenou que o açoitassem cem vezes. O sultão mandou buscar outro adivinho. Após ouvir a narração do mesmo sonho, o homem disse: "Excelso senhor! Grande sultão! Muita felicidade vos está reservada. O sonho significa que haveis de sobreviver a todos os vossos parentes". A fisionomia do sultão iluminou-se num enorme sorriso e ele mandou dar cem moedas de ouro ao novo adivinho. Ele disse a mesma coisa que o primeiro, mas de outra maneira, o que fez a diferença.

Aprecie a fábula a seguir:

A Verdade visitava os homens; sem roupas e sem adornos, tão nua quanto o seu nome. E todos os que a viam viravam-lhe as costas de vergonha ou de medo, e ninguém lhe dava as boas-vindas. Assim, a Verdade percorria os confins da terra, rejeitada e desprezada. Numa tarde, muito triste, encontrou a Parábola, que passeava alegremente, em trajes extremamente belos e muito coloridos.

— Verdade, por que está tão abatida? – perguntou a Parábola.

— Porque devo ser muito feia, já que os homens me evitam tanto.

— Que disparate – riu a Parábola. – Não é por isso que os homens evitam você. Tome, vista algumas das minhas roupas e veja o que acontece.

Então, a Verdade pôs algumas das lindas vestes da Parábola e, de repente, em toda parte por onde passava era bem-vinda.

Então a Parábola falou:

— A verdade é que os homens não gostam de encarar a Verdade nua; eles a preferem disfarçada!

Sejamos mais cuidadosos ao fazer retiradas de uma conta relacional, pois o custo poderá ser muito alto, e talvez nunca mais se consiga restabelecer a confiança. Passamos anos tentando construir confiança, e ela pode ser perdida em segundos, por causa de uma simples indiscrição. O mau hábito de falar da vida dos outros é uma das melhores fórmulas para conseguir um péssimo ambiente. Se as pessoas aprendessem a olhar para os próprios defeitos, certamente não perderiam tempo falando da vida alheia. Aprecie:

Um casal recém-casado mudou-se para um bairro muito tranquilo. Na primeira manhã na casa, enquanto tomavam café, pela janela a mulher reparou em uma vizinha que pendurava lençóis no varal e comentou com o marido:

— Que lençóis sujos ela está pendurando no varal! Está precisando usar mais sabão. Se eu tivesse intimidade, perguntaria a ela se quer que a ensine a lavar roupas!

O marido observou calado. Três dias depois, também durante o café da manhã, a vizinha pendurava lençóis no varal, e novamente a mulher comentou com o marido:

— Nossa vizinha continua pendurando os lençóis sujos! Se eu tivesse intimidade, perguntaria se ela quer que a ensine a lavar as roupas!

E assim, a cada três dias, a mulher repetia seu discurso, enquanto a vizinha pendurava suas roupas no varal. Depois de um mês, a mulher se surpreendeu ao ver os lençóis muito brancos sendo estendidos e, empolgada, foi dizer ao marido:

— Veja, ela aprendeu a lavar as roupas! Será que alguma vizinha lhe deu sabão? Porque eu não fiz nada.

O marido respondeu, calmamente:

— Nada disso. Hoje eu levantei mais cedo e lavei a vidraça da nossa janela!

Cuidado, portanto, com as palavras. Fique atento, também, às pessoas que se apoiam no poder, pois, em geral, se sentem ameaçadas por aquelas que se apoiam na autoridade. Não entre no jogo do diz que diz. Seja grande. Pense grande. Difunda o teste das três peneiras:

Renato foi transferido para outro departamento. Logo no primeiro dia, para fazer média com o chefe, saiu-se com esta:

— Chefe, o senhor nem imagina o que me contaram a respeito do Silva. Disseram que ele...

Nem chegou a terminar a frase, pois o chefe aparteou:

— Espere um pouco, Renato. O que vai me contar já passou pelo crivo das três peneiras?

— Peneiras? Que peneiras, chefe?

— A primeira, Renato, é a da VERDADE. Você tem certeza de que esse fato é absolutamente verdadeiro?

— Não. Não tenho, não. Como posso saber? Isso foi o que me contaram.

— Então sua história já vazou pela primeira peneira. Vamos então para a segunda peneira, que é a da BONDADE. O que você vai me contar, gostaria que os outros também dissessem a seu respeito?

— Claro que não! Nem pensar, chefe.

— Então, sua história vazou pela segunda peneira. Vamos

ver a terceira peneira, que é a da NECESSIDADE. Você acha mesmo necessário me contar esse fato ou passá-lo adiante?
  — Não, chefe. Passando pelo crivo dessas peneiras, vi que não sobrou nenhum motivo para contar – disse Renato, surpreendido.
  – Pois é, Renato. Já pensou como as pessoas seriam mais felizes se todos usassem essas peneiras? – diz o chefe, sorrindo, e continua: – Da próxima vez que surgir um boato por aí, submeta-o ao crivo dessas três peneiras: VERDADE, BONDADE e NECESSIDADE, antes de obedecer ao impulso de passá-lo adiante, porque pessoas inteligentes falam sobre ideias, pessoas comuns falam sobre coisas e pessoas medíocres falam sobre pessoas.

Mudar é preciso

A grande virada depende de nós mesmos. Devemos mudar para melhorar nossos relacionamentos, manter saldos positivos em nossas contas relacionais. Se você abrir a sua janela só de noite, continuará sempre vendo escuridão.

Deus, Louvado Seja, diz:

"[...] Deus jamais mudará as condições que concedeu às pessoas, a menos que elas mudem o que há em seus íntimos [...]" (Alcorão – O Trovão 13:11).

Segundo o escritor russo Leon Tolstói, "todos querem mudar o mundo, mas ninguém quer mudar a si mesmo". E ainda deixou registrado: "Se queres ser universal, começa por pintar a tua aldeia".

Se todos varressem sua calçada, a rua inteira estaria limpa. Comece, portanto, a mudar suas atitudes ainda hoje. Tudo depende unicamente de você mesmo. Para Helena Blavatsky: "Muito mais grave que uma enfermidade incurável é um pensamento imodificável".

12

Escolhas

···❖···

Quando me comprometo a amar uma pessoa e a me doar a quem sirvo, sintonizando minhas ações e comportamentos com esse compromisso, com o tempo passarei a ter sentimentos positivos em relação a essa pessoa. Essa é uma escolha que você pode fazer.

Em sua casa, como é o comportamento dos membros de sua família? Você tem sido um bom líder? Tem cultivado os relacionamentos? Desenvolver a práxis das boas ações com as pessoas de nosso convívio faz surgir bons sentimentos com relação a elas. Sentimentos positivos vêm de comportamentos positivos.

Em seu trabalho, como tem sido o relacionamento com os colegas? Na condição de líder, o que você tem feito para o seu pessoal? Eles estão motivados? Você tem feito as escolhas certas?

Lembre-se de que, quando um time de futebol está mal, troca-se o técnico. Da mesma forma, hoje, quando uma empresa vai mal, troca-se o líder.

Na direção oposta à dos bons comportamentos, observe que, em tempos de guerra, os contendores desumanizam os inimigos, tachando-os de "asiáticos", "alemães", "afegãos", como se não tivessem suas histórias, famílias, vidas pessoais etc.

Não é diferente em outras situações em que se quer o domínio ou a submissão do adversário. Para tanto, procura-se colocar a opinião pública contra uma pessoa, um povo ou uma causa – são exemplos disso as repetidas vezes em que se vincula o termo "terrorismo" ao povo árabe ou à religião islâmica.

Desumanizam-se, assim, as pessoas, para que se torne mais fácil odiá-las. Isso mesmo, desumanizar o inimigo torna mais fácil odiá-lo e matá-lo. A concepção de maus comportamentos dá à luz os maus sentimentos. Ações ruins criam sentimentos ainda piores. E sentimentos estimulam novas ações, criando um círculo vicioso extremamente perverso.

O físico alemão Albert Einstein continua a iluminar longas estradas pelas quais buscamos paz, compreensão e justiça. São dele as seguintes citações:

"Triste época! É mais fácil desintegrar um átomo do que um preconceito".

"A violência fascina os seres moralmente mais fracos".

"A paz é a única forma de nos sentirmos realmente humanos".

Leia com vagar cada uma dessas belas frases. Reflita sobre elas.

Deus, Altíssimo, diz:

Ó crentes, que nenhum povo zombe do outro; é possível que (os escarnecidos) sejam melhores do que eles (escarnecedores). Que tampouco nenhuma mulher zombe de outra, porque é possível que esta seja melhor do que aquela. Não vos difameis nem vos motejeis mutuamente com apelidos. Muito vil é o nome que denota maldade, depois de o denominado ter recebido a fé!" (Alcorão Sagrado – 49:11).

Todos, mas especialmente aquele que lidera, devem recomendar o bem, pois são comportamentos positivos que acabam gerando sentimentos melhores ainda. O líder é um formador de opinião.

Responsabilidade

As pessoas – e são muitas – não querem assumir as responsabilidades pelos seus atos diante das dificuldades de seus relacionamentos.

Exemplos disso são chefes que não respeitam subordinados ou pais que ficam indiferentes ao mau comportamento de seus filhos.

O chefe resolve não atender a uma justa reivindicação até que o empregado cumpra a ordem. Diante disso, o empregado faz corpo mole ou sabota o patrão. O pai não conversa com o filho até que ele melhore seu comportamento. O filho reage tendo atitudes ainda mais rebeldes. Ninguém ganha com isso; todos perdem. Fugir das responsabilidades é um mau negócio.

Lembre-se de que liderança começa com uma escolha. Uma delas é encarar as responsabilidades pelos atos que praticamos. Se você resolveu ser pai, assuma todas as responsabilidades atinentes à alimentação, à educação e à orientação de seu filho. Se você assumiu uma chefia, enfrente as respectivas responsabilidades.

É importante e salutar, portanto, alinhar ações com boas intenções para podermos enfrentar as responsabilidades esperadas. A escolha é sua e a responsabilidade também.

Deus, Glorificado, diz:

"[...] cumpri o convencionado, porque o convencionado será reivindicado [...] Não sigas (ó humano) o que não conheces, porque pelo teu ouvido, pela tua vista, e pelo teu coração, por tudo isso serás responsável" (Alcorão – A Viagem Noturna 17:34/36).

E ainda:

"Ó vós que credes! Sede fiéis aos compromissos [...]" (Alcorão – A Mesa Servida 5:1).

Ocorre que, como dissemos anteriormente, vem se generalizando a falta de senso de responsabilidade. Não são poucos os que não querem assumir as suas. Estes estão entre uma das seguintes situações:

Neuróticos – assumem responsabilidades demais. Exemplo: meu marido bebe porque sou má esposa; a empresa vai mal porque não acertei na propaganda.

Desvios de caráter – assumem muito pouco a responsabilidade por seus atos. Hoje em dia é assim com a maioria. Para tudo encontram uma justificativa. Exemplos: a culpa pela queda nas vendas está no mercado retraído; as vendas diminuíram porque o dinheiro sumiu do mercado; meu filho não estuda porque a vizinhança é barulhenta.

Responsabilidade requer esforço, dedicação. É difícil para muitos assumir as consequências de seus próprios atos. De fato, todos querem obter o máximo de resultado aplicando o mínimo esforço. Somos impacientes e só queremos o resultado positivo. Observe o seguinte relato de um companheiro do Profeta Muhammad (S):

"Num dia, na batalha de Uhud, o Mensageiro de Deus (S) tomou da espada e perguntou: 'Quem vai tomar esta minha espada?' Todos estiraram suas mãos, dizendo 'Eu... Eu...' O Profeta (S) perguntou: 'Quem irá tomá-la com a inteira responsabilidade?' Os presentes hesitaram. Então o Companheiro Abu Dujana disse: 'Tomá-la-ei com responsabilidade!' [...]" (Musslim – JV – 55:91).

A liderança com responsabilidade não é para qualquer um. Sejamos responsáveis. Quem vai levantar essa bandeira?

Nossas escolhas

O naturalista britânico Charles Darwin dizia: "A imaginação é uma das mais altas prerrogativas do homem".

Darwin estava falando de escolhas. Somos responsáveis por nossas escolhas, ao contrário do determinismo de Sigmund Freud, neurologista austríaco e fundador da psicanálise. Segundo ele, para cada efeito há uma causa alheia à vontade inconsciente. Para Freud, o ser humano, essencialmente, não faz escolhas conscientes. Ele defendia que nossas ações e opções são determinadas por forças inconscientes.

Entretanto, atualmente não se questiona o fato de o ser humano fazer, sim, escolhas. E por fazer escolhas é que está sujeito às responsabilidades. Responsabilidade resulta da conjunção de resposta + habilidade. Ou seja, quando somos estimulados a algo, temos a habilidade para escolher a resposta. Os animais, ao contrário, respondem aos estímulos de acordo com os seus instintos.

Em célebre discurso, o estadista egípcio Gamal Abdel Nasser frisou: "Saibam que a vitória vem do trabalho; o trabalho vem das ações; e as ações vêm do pensamento; e o pensamento é entendimento e fé. E assim veremos que tudo depende de nós mesmos".

O homem é essencialmente autodeterminante. Ele se transforma no que faz de si mesmo. O filósofo francês Jean-Paul Sartre asseverou: "Não existe determinismo; o homem é livre". Em outra oportunidade, escreveu também: "O homem é o que faz de si mesmo".

Diante de algumas situações, vemos pessoas agirem com extrema selvageria, enquanto outras, nas mesmas condições, desvencilham-se com a desenvoltura de um estadista.

Freud, em *Além do princípio do prazer*, falou de dois impulsos, "eros" e "thanatos" (vida e morte), presentes em todo ser humano. Como grande mapeador do inconsciente, o autor disse que, dentro do homem, opera-se uma batalha entre os dois impulsos e que, por meio dela, encontramos a resposta do que conhecemos hoje por civilização.

O homem tem ambas as potencialidades dentro de si mesmo. A que se efetiva depende de escolha, e não das circunstâncias. Reflita sobre o texto a seguir, que trata dessa dualidade interior.

> *O neto aproxima-se do avô cheio de raiva no coração, porque seu melhor amigo havia cometido uma injustiça. O velho diz:*
>
> *— Deixe-me contar-lhe uma história. Muitas vezes senti grande ódio daqueles que me afrontaram – especialmente quando percebia a maldade ou quando eles não se arrependiam. Todavia, com o tempo, aprendi que o ódio nos corrói, mas não fere o inimigo. É como tomar veneno desejando que o inimigo morra. Então, passei a lutar contra esses sentimentos.*
>
> *E o experiente homem continuou:*
>
> *— Tenho a sensação de que existem dois lobos dentro de mim. Um dos lobos é bom, só quer o bem e não magoa ninguém. Esse lobo vive em harmonia com o universo ao seu redor, não se ofende, não fica se metendo com o que não entende e também não comete agressões. Esse lobo só luta quando é certo lutar e, quando luta, o faz da maneira correta. Mas, ah!, o outro lobo é cheio de raiva. Mesmo pequeninas coisas provocam sua ira. Ele briga com todos, o tempo todo, sem motivo. Ele não consegue nem pensar, porque seu ódio é tão grande que consome toda a sua energia mental. É uma raiva inútil, porque ela não mudará o mundo. Às vezes, é difícil conviver com os dois lobos dentro de mim, porque ambos tentam dominar meu espírito.*
>
> *O garoto, atento, olhou nos olhos do avô e carinhosamente perguntou:*
>
> *— Qual deles vence, vovô?*

O avô sorriu e respondeu baixinho:
— Aquele que eu alimento com mais frequência.

Somos responsáveis pelas escolhas que fazemos. Devemos ponderar antes de tomar uma decisão. O certo é que nunca deixaremos de ter de fazer escolhas.

O cientista e estadista norte-americano Benjamin Franklin afirmou: "Só há duas coisas inevitáveis na vida: morte e impostos". Quanto a esta última, entretanto, ainda há escolha.

Deus, Louvado, diz:

"[...] E quando tiveres tomado uma resolução, confia em Deus. Ele ama os que n'Ele confiam" (Alcorão – Al Imran 3:159).

As boas ações decorrem de nossas escolhas. É uma decisão que devemos tomar. Deus, Altíssimo, afirma:

"Quem praticar o bem, será em benefício próprio" (Alcorão – O Genuflexo 45:15).

Deus nos dotou do livre-arbítrio. A escolha é nossa. O caminho para a autoridade e a liderança começa com a vontade. Vontades são as escolhas que fazemos para aliar nossas ações às nossas intenções.

Todos temos de fazer escolhas a respeito de nosso comportamento e aceitar a responsabilidade por essa escolha. Escolheremos ser pacientes ou impacientes? Bons ou maus? Agressivos ou dóceis?

Aja agora antes que seja tarde demais, pois, nas palavras do Profeta (S), "Três coisas seguem o féretro de uma pessoa: os membros de sua família, seus pertences e seus atos. As duas primeiras voltam e a terceira permanece com ele" (Mutaffac alaih – JV – 142:461).

Hábitos

Depende de muito esforço e disciplina fazer com que o não natural se torne natural e um hábito (bom) em nossas vidas. Exemplo disso é a criança que, de início, faz xixi nas fraldas; com muita persistência ela abandona a fralda e começa a usar o banheiro. Depois de aprender a usar o vaso, surgirá o hábito de fazê-lo sempre naquele lugar, e será uma questão de repetição, de tempo. O ser humano é uma criatura de hábitos.

Segundo o norte-americano Robin Sharma, autor de várias obras sobre liderança, são necessários aproximadamente 21 dias para que um novo hábito se desenvolva. Por isso, muitos desistem nos primeiros dias. Você deve conhecer muitas pessoas que começam a fazer caminhadas matinais, mas depois de poucos dias desistem da empreitada.

Para que um hábito se incorpore à vida de uma pessoa, quatro estágios são percorridos. São os estágios da aprendizagem citados por O'Connor e Seymour (atenção: aplicam-se aos bons e aos maus hábitos):

1. Incompetência inconsciente – ignoram-se o comportamento e o hábito. Ocorre, por exemplo, antes do aprendizado de fumar (um mau hábito) ou de jogar futebol (um bom hábito).

2. Incompetência consciente – tem-se consciência de um novo comportamento, mas ainda não se desenvolveu a prática. Exemplo: fumar o primeiro cigarro; jogar uma partida de futebol. Tudo ainda é desajeitado, antinatural.

3. Competência consciente – está-se cada vez mais experiente e sentindo-se confortável com o novo comportamento ou prática. Exemplo: Já se saboreiam os cigarros e joga-se futebol com desenvoltura.

4. Competência inconsciente – nesse estágio, a pessoa já não tem de pensar. Fumar tornou-se a coisa mais natural do mundo. O fumante já está esquecido de seu hábito compulsório. O jogador faz passes sem olhar para a bola, coloca-se na melhor posição sem o menor esforço.

Esses estágios aplicam-se inteiramente ao aprendizado de novas habilidades de liderança. No último estágio, os líderes incorporaram seu comportamento aos hábitos e à sua verdadeira natureza. Nesse estágio, os líderes não precisam tentar ser bons líderes, pois são bons líderes. No último estágio se dá a construção do caráter.

Caráter

Liderança não é estilo, mas essência, caráter. Por isso, muitos líderes podem ter estilos diferentes (autoritário, democrático, livre), mas a essência, o caráter, é o mesmo. Caráter é o que você é quando ninguém está olhando. Seja o que deve ser quando ninguém o observa.

O Profeta (S), indagado acerca da bondade e do pecado, respondeu:

"A bondade é o excelente caráter, e o pecado é o que se passa no teu interior e que detestas que seja descoberto pelos demais" (Musslim – JV – 175:624).

Relatou um companheiro de Muhammad (S) que, por natureza, ele (S) nunca falava indecentemente, nem nunca ficava a escutar coisas indecentes. Ele (S) costumava dizer:

"Os melhores dentre vós são os que possuem melhores caracteres" (Mutaffac alaih – JV – 175:625).

As qualidades que forjam o excelente caráter são: paciência, bondade, humildade, abnegação, respeito, generosidade, honestidade e compromisso. As atitudes decorrentes dessas características devem ser praticadas de forma constante, até se tornarem hábitos. Os hábitos forjam o caráter de uma pessoa.

O Profeta (S) ensinou:

"O crente mais íntegro é aquele que demonstra melhor caráter e tem melhor moralidade. E o melhor dentre vós é aquele que melhor trata a sua mulher" (Tirmizi – JV – 102:278).

Preste atenção nesta escalada maravilhosa e que está ao alcance de todos: pensamentos tornam-se ações; ações tornam-se hábitos; hábitos tornam-se caráter; nosso caráter torna-se o nosso destino.

Relatou um companheiro do Profeta (S):

"Ao Mensageiro de Deus (S) foi perguntado: 'Que é que mais faz entrar no Paraíso?' Respondeu: 'O temor a Deus e a excelência de caráter'. Foi também interrogado sobre o que mais faz as pessoas entrarem no inferno. Respondeu: 'A boca e os órgãos genitais'" (Tirmizi – JV – 175:627).

Construamos nosso destino adquirindo excelente caráter. Não é difícil. Requer apenas um pouco de prática. Emil Maximilian Weber (Max Weber), sociólogo e economista alemão, dizia que "o homem não teria alcançado o possível se, repetidas vezes, não tivesse tentado o impossível".

Acompanhe este raciocínio: o que chamamos de fácil nada mais é do que aquilo que já conhecemos muito bem. E por que conhecemos bem? Porque já convivemos com aquilo diariamente. Mas, se pensarmos bem, veremos que uma determinada coisa se tornou fácil depois de muito tempo de convivência com ela. Descobrimos, então, que fácil é aquilo que já fizemos repetidas vezes. Ótimo! Acabo de descobrir uma coisa muito importante: se fácil é aquilo que já repetimos várias vezes, daqui para a frente eu posso, então, transformar as coisas difíceis e impossíveis. Como? Começando desde já a conviver com a possibilidade de alcançá-las, começando desde já a praticá-las; começando desde já, e em pequenas doses, a fazer com que o impossível torne-se difícil. Mais adiante, fazendo o difícil tornar-se fácil. Sabemos que ver as coisas dessa maneira não é simples, é até um pouco complicado, mas também impossível já não é mais, a partir do momento que descobrimos, pelo menos, qual é o caminho a seguir. Se a vida vai ser fácil, difícil ou impossível, isso vai depender de nós mesmos. Aquilo que nem sequer tentamos será sempre impossível. Aquilo que começamos a tentar agora é difícil. E aquilo que já fazemos há muito tempo tornou-se algo fácil.

Isso ocorre, por exemplo, com o ofício do escritor. O aspirante escreve pequenas histórias, achando que extensos romances e novelas são etapas praticamente impossíveis de ser alcançadas. Entretanto, quanto mais se habituar à prática, muitas vezes, sem perceber, estará trilhando caminhos mais longos. Quando menos perceber, já se tornou um romancista, um novelista, um escritor competente. A palavra é "agir" agora. Fazer com que as boas ações se tornem hábitos em nossas vidas. É preciso dar o primeiro passo. É preciso pensar e agir.

O Profeta (S) advertiu:

"Tomai a iniciativa fazendo boas ações, antes que ocorram as sete calamidades; e tende cuidado com elas: acaso, esperam uma pobreza que faz esquecer, ou uma riqueza que causa despotismo, ou uma enfermidade maligna, ou uma velhice senil (delirante), ou uma morte repentina, ou o Anticristo e o impostor – pois é o pior ausente esperado –, ou a Hora (do Juízo), pois a Hora será a mais calamitosa e amarga!" (Tirmizi – JV – 56:93).

Será que alguém ainda acha que está acima do bem e do mal? Que tais calamidades não estão à espreita? É importante mudar, pois o mundo está em constante transformação. Mudar agora. Começar agora. O compositor paraibano Geraldo Pedrosa de Araújo Dias, mais conhecido como Geraldo Vandré, afirmou, na belíssima canção denominada "Pra não dizer que não falei das flores": "Vem, vamos embora, que esperar não é saber. Quem sabe faz a hora, não espera acontecer".

Deus, Altíssimo, adverte:

"E não te conduzas com insolência na Terra, porque jamais poderás fendê-la, nem te igualares, em altura, às montanhas" (Alcorão – A Viagem Noturna 17:37).

13
Prioridades

⋅⋅┤⋅❦⟨◇⟩❧⋅├⋅⋅

M uitos de nós, diante das inúmeras obrigações do dia a dia, procuramos fazer de tudo um pouco ou tentamos fazer tudo ao mesmo tempo. Isso é desperdício de tempo e de energia. Saber priorizar é essencial para obter eficiência.

Dissemos no capítulo 9 que um líder deve inspirar em seus comandados duas preciosidades: pensar e fazer as coisas segundo a ordem de importância. Cabe ao líder hierarquizar as prioridades, demonstrando aos seus liderados a importância de enfrentar os problemas segundo a ordem estabelecida. Perceba que existem tarefas que só o líder pode fazer; outras que ele pode delegar; outras que dependem da equipe; e outras que podem ser dispensadas, não farão falta nenhuma. A responsabilidade final sempre será do líder.

Em casa, na escola, no clube ou no trabalho, são muitas as tarefas a desempenhar e muitos os problemas a resolver. A questão que se coloca aqui não é a de saber administrar o tempo, mas saber estabelecer prioridades. Se sua agenda está cheia, analise o que é urgente e o que é importante.

O líder organiza a desordem! O Profeta (S) disse:

"Nenhum de vós deverá dizer: 'meu coração está arruinado'; deverá dizer: 'meu coração não está em ordem'" (Mutaffac alaih – JV – 815:1739).

Organize-se! Faça primeiro as coisas urgentes, depois o importante, e depois o resto, quando necessário. O gênio Pitágoras disse: "Com ordem e com tempo encontra-se o segredo de fazer tudo e tudo fazer bem".

Problemas imaginários

Existem coisas que causam prejuízo e outras que dão bom retorno, e ambas podem estar interligadas. Priorize e faça cada coisa a seu tempo. Mas tome cuidado com os falsos problemas. O líder deve saber separar os reais dos imaginários. Por isso, seu desafio é procurar olhar para as coisas de diversas formas.

Em tempos cada vez mais competitivos, um problema que vem se agravando é a chamada síndrome da feiura imaginária. É o caso daquela moça magérrima, mas que se enxerga gorda no espelho. O problema só existe na cabeça dela. Entretanto, ela vai gastar tempo, energia, saúde e dinheiro investindo em tratamentos, medicamentos e até mesmo em cirurgias.

A "cultura da imagem" revela dois fenômenos: o consumo e o materialismo. Para obter uma aparência "perfeita" – como se existissem pessoas perfeitas! –, bastaria seguir receitas mirabolantes de gurus oportunistas. A imagem que se tem de si mesmo, nesses casos, beira o patológico.

Por outro lado, existem pessoas que criam os problemas para depois apresentar ao chefe a solução. O líder deve estar atento, para identificar em sua equipe pessoas desse tipo, capazes de tudo só para mostrar serviço.

O desafio, portanto, é identificar problemas reais e depois priorizar aqueles que devem ser resolvidos primeiro. O poeta português Fernando Pessoa escreveu: "O princípio da cura está na consciência da doença".

A regra 20/80

Se você é empresário, preste atenção nestes números: apenas 20% do pessoal de sua organização é responsável por 80% do sucesso de sua empresa. Essa assertiva baseia-se na regra 20/80. Preste atenção novamente: independentemente da natureza das condicionantes, há uma tendência inevitável de algumas coisas ocorrerem sempre do mesmo jeito.

Essa regra é fruto de exaustivas análises do sociólogo, economista e político francês Vilfredo Pareto, que dedicou boa parte de sua vida ao estudo dos problemas. Suas observações a respeito da frequência em que ocorre um problema deram origem à chamada Lei de Pareto.

O objetivo da Análise de Pareto é observar os problemas e determinar a frequência de sua ocorrência. Isso nos leva a priorizar esforços para garantir que se utilize melhor o tempo em que se obterá o impacto mais positivo. Essa análise assenta-se na regra 20/80, ou seja, apenas 20% das ocorrências causam 80% dos problemas.

Por exemplo, você é um industrial e, depois de acurada observação, constata que existem dez causas para a falha de um determinado produto. O que você faria? Trataria de todas as causas ao mesmo tempo? Trataria delas aleatoriamente? Bem, se você utilizar a Análise de Pareto, provavelmente comprovará que 80% dos problemas são provocados por apenas 20% das causas. E agora, o que você faria diante de uma informação preciosa como essa? É óbvio que vai direcionar suas energias (tempo e dinheiro) para debelar as principais causas, pois são elas as responsáveis pela maior parte dos problemas. Os resultados serão mais rápidos, e os impactos, mais positivos.

Pela Lei de Pareto, 20% das pessoas absorvem 80% de seu tempo; 20% de seus produtos são responsáveis por 80% de seu lucro; 20% de seu pessoal é responsável por 80% do resultado; 20% dos jogadores de um time são responsáveis por 80% dos problemas do time adversário; 80% da riqueza está nas mãos de 20% da população.

Sabendo disso, parece estar na hora de passar mais tempo com aquele pessoal que lhe dá mais resultados na empresa; investir mais no treinamento deles; e, quem sabe, apostar mais naqueles produtos de maior lucratividade. Está na hora de canalizar melhor as energias se quisermos obter resultados surpreendentes.

Esquematize as prioridades; 80% dos problemas são resolvidos se atacarmos 20% deles. Siga o procedimento: em primeiro lugar, identifique os principais problemas em sua empresa (pode ser em casa, na escola, no clube etc.); registre durante um determinado período a frequência com que cada um deles ocorre; ordene os problemas (ordem decrescente) de acordo com o número de ocorrências; priorize as soluções na mesma ordem, para obter resultados mais rápidos.

Conta-se que, em uma ilha perdida no Atlântico, algum tempo atrás, havia um rei bastante preocupado em resolver os vários problemas de seus súditos. Ali os problemas eram profundos. Havia muito desemprego, violência, doenças, desmatamento, queimadas, baixa escolaridade e baixa autoestima. A população ficava cada vez mais pobre. Durante anos aquele rei fazia a mesma coisa: investia em todas as áreas afetadas, mas o resultado era inexpressivo. Desolado, o monarca constituiu um conselho para buscar soluções. Os conselheiros passaram algum tempo apenas observando. Puderam perceber que atacar todos os problemas ao mesmo tempo seria muito custoso e inútil. Constataram que, ao direcionar os esforços para um único foco, grande parte dos problemas estaria resolvida. Isso demandaria algum tempo, mas era a única forma de resolver os problemas de uma vez por todas. O custo seria menor. Durante algum tempo haveria sofrimento, mas convenceram o rei de que valeria a pena. O rei, então, canalizou todas as energias para uma única área, conforme a recomendação de seus conselheiros: a educação. Depois de algum tempo, pôde-se perceber que a população ficava menos doente; havia mais segurança e os cárceres ficaram mais vazios; o meio ambiente tornava-se cada vez mais exuberante; a ciência e a tecnologia geravam emprego e divisas, conectando aquela ilha ao resto do mundo. A autoestima melhorou. O rei, sem saber, havia aplicado a regra 20/80.

Unidos somos mais fortes

Mantenha sua equipe unida. Seja um bom exemplo e será um modelo de motivação e união do grupo. O líder empático, humano, acessível, entusiasta e altamente confiável produzirá respostas semelhantes.

Sem competição, mas com o espírito ativo de cooperação impregnado em cada membro, a equipe terá segurança para alcançar os resultados almejados.

A união do grupo depende também de que o líder valorize cada um, fazendo florescer nele o sentimento de pertencimento e utilidade para o todo.

A traição e o egoísmo levam ao fracasso, à estagnação e à destruição de uma empresa, de uma família e até de nações. Por isso, esteja vigilante.

O Profeta Muhammad (S) advertiu:

"O bom exemplo que os crentes demonstram, com relação ao seu carinho, sua misericórdia e amabilidades recíprocas, é como se fosse proveniente de um só corpo; quando um membro se encontra indisposto, todo o resto do corpo mostra sua debilidade e febre" (Mutaffac alaih – JV – 189:224).

Ao menor sintoma de doenças que possam afetar a unidade do grupo, intervenha e trate delas quanto antes, para que não ocorra o que se observa nesta fábula, "o leão e os búfalos selvagens":

> *Um leão faminto avistou três búfalos em um pasto. Sabia que não poderia enfrentá-los ao mesmo tempo. Muito astuto, aproximou-se de dois búfalos que estavam mais próximos e, didaticamente, explicou que aquele pasto seria insuficiente para alimentar todos eles. O leão pediu humildemente que permitissem que caçasse o terceiro búfalo e o comesse. E assim foi feito. Depois de algum tempo, o leão voltou para aquele pasto e abordou um dos búfalos restantes, dizendo-lhe que tudo poderia ser só dele se permitisse que devorasse o outro búfalo. E assim foi feito. Com o método da enganação, o leão tinha agora o caminho livre para comer o último búfalo.*

Ensinou o Profeta (S):

"[...] Todos os muçulmanos são iguais em status e obrigações. Assim sendo, aquele que trair seu compromisso com um muçulmano ver-se-á implicado na maldição de Deus, dos anjos e de toda a gente, e, no Dia do Juízo, dele não será aceita nem expiação ou compensação [...]" (Mutaffac alaih – JV – 845:1804).

14

As recompensas

❦

A recompensa vem do reconhecimento de um serviço, de um favor ou uma boa ação. A liderança pode resultar dessa ação ou serviço. O Profeta Muhammad (S) disse:
"À pessoa que pedir refúgio em nome de Deus, deveis dar-lhe refúgio; a quem pedir em nome de Deus, deveis dar; a quem vos convidar, deveis atender; a quem fizer um favor a vós, deveis recompensar; se não tiverdes nada para recompensá-lo, fazei preces a Deus por ele, até achardes que o recompensastes" (Abu Daúd – JV – 808:1723).

Tomemos as palavras de Jesus (AS) emprestadas:

"Amar a Deus e ao próximo" – Ame o Senhor, o seu Deus, de todo o seu coração, de toda a sua alma, de todas as suas forças e de todo o seu entendimento e Ame o seu próximo como a si mesmo – (Lucas 10:25).

Essa célebre frase enuncia o que há de mais importante em qualquer religião. Mais que ir à sinagoga, igreja ou mesquita, deve-se aprender a amar. Mais importante que seguir uma série de ritos e regras, é preciso amar. De nada adianta frequentar um templo, praticar um rito qualquer, se você não ama a Deus e a seus semelhantes. De nada serve rezar e não tolerar o diferente, não aceitar o outro, não estar satisfeito com as mercês de Nosso Senhor.

Disse o Profeta (S):

"O verdadeiro muçulmano (submisso a Deus) é aquele de cuja língua e de cujas mãos os outros muçulmanos (submissos a Deus) se encontram a salvo" (Mutaffac alaih – JV – 87:211).

Amar ao próximo é fazer com que as pessoas que estão à sua volta estejam seguras ao seu lado.

Amar a Deus e ao próximo é ter dois importantes sentimentos, que se complementam e se fundem: fé e esperança. Não há amor sem eles. Isso não é pregação ou imposição de religião. É apenas a essência que deve residir em um coração verdadeiramente crente. Aprendamos a pensar e a agir em consonância com o que há no coração.

Dissemos anteriormente que a melhor pregação é aquela feita sem o uso da palavra. A palavra há de ser usada somente quando estritamente necessária. Isso significa que devemos ter ações e condutas corretas, baseadas nos ensinamentos divinos. De nada adianta ficar apenas falando, lançando palavras ao ar, sem a correspondente atitude.

Vemos por aí pessoas falarem o que não fazem. Agem como se tudo girasse em torno delas. São altamente autocentradas. Deviam saber que servir, sacrificar-se e obedecer a princípios produzem maravilhas para quebrar essa natureza autocentrada.

Pessoas egoístas e hipócritas não interagem corretamente com a realidade. Lembre-se de que não vemos o mundo como ele é, nós o vemos como nós somos. Por isso, vemos e encontramos as coisas que procuramos. Aplica-se inteiramente para esse caso a "lei da colheita" – você colhe o que planta. É, em outras palavras, a "lei da atração dos semelhantes", cujo princípio é atrair pessoas, coisas e fatos de acordo com os nossos pensamentos e desejos.

Faça alongamento

Fazer exercícios físicos proporciona muitas recompensas: saúde, disposição e alegria são alguns dos benefícios. Antes de iniciar qualquer atividade física é necessário fazer alongamento. Alongar estica e aquece a musculatura. Para ser um bom líder também é preciso fazer alongamento, ou seja, é necessário fazer crescer, esticar e aquecer nossos relacionamentos e o amor.

Com a liderança colhem-se esplêndidos resultados. Quando nos doamos, servimos e nos sacrificamos pelos outros, construímos influência. Exercer influência ajuda a desenvolver habilidades. Por fim, liderar nos dá uma missão de vida.

Fazer crescer relacionamentos, aquecer o amor, influenciar pessoas, desenvolver habilidades e ter uma missão de vida são recompensas extraordinárias, que, para serem conquistadas, exigem que se coloquem os pés na rua, que se pise no barro, que se vá à luta. Tudo exige sacrifício, e um líder deve saber que corre riscos. É o preço que se paga. Afinal, "os que seguem a multidão nunca serão seguidos por ela"[3].

Talvez a maior das recompensas que se recebe ao liderar seja fazer a diferença na vida das pessoas. Um antigo ditado sânscrito diz:

"Quando você nasceu, você chorou e o mundo se alegrou. Viva sua vida de tal maneira que, quando você morrer, o mundo chore e você se alegre".

Muito bem. Você quer liderar, quer influenciar pessoas e fazer diferença em suas vidas. Por isso, você deve se perguntar: como integrar minhas crenças espirituais ao meu trabalho? É muito simples. Você deve tratar os outros como quer ser tratado: com paciência, respeito, carinho, atenção (essa é a regra de ouro).

Encontrando a felicidade

Outra importante recompensa quando nos disciplinamos para liderar com autoridade é o encontro com a felicidade. A felicidade é uma daquelas coisas difíceis de explicar, mas quem tem sabe que ela está ali, bem dentro de seu coração. Sabe que é ela. A felicidade é um sentimento profundo, é paz interior, um estado de espírito. A felicidade não depende de circunstâncias externas, por isso nem o mau tempo nem as pessoas podem subtraí-la de você.

A felicidade não se confunde com a alegria. Esta é transitória, baseada em acontecimentos. Se coisas boas acontecem, estou alegre. Se coisas ruins acontecem, fico triste. Na alegria, você ri. Com felicidade,

---

[3] Hunter, James. *O monge e o executivo* (2004).

sorri. O sorriso impregna o olhar, a voz, a fala, o jeito de ser, suas atitudes.

Pessoas do mais alto quilate falaram dessa felicidade: Jesus (AS), Muhammad (S) e Gandhi são exemplos. Felicidade é satisfação interior e a convicção de saber que você está verdadeiramente em sintonia com os princípios profundos e permanentes da vida.

O líder deve ser uma pessoa alegre e altamente motivada para alcançar a felicidade. O britânico Charles Chaplin, ator e diretor de cinema hollywoodiano, encantou o mundo com seu personagem "O vagabundo". Ele costumava dizer: "Estou sempre alegre – essa é a minha maneira de resolver os problemas da vida".

Cada conquista é uma alegria. E as alegrias levam à felicidade. Servir aos outros nos livra das algemas do ego e da concentração em nós mesmos. Essa é uma grande vitória, pois pessoas egocêntricas destroem a alegria de viver. Devem mudar. Abandonar velhos hábitos para se livrar dessas amarras. Algumas pessoas crescem e continuam achando que o mundo deve satisfazer suas vontades (você conhece muitas pessoas com esse perfil?). Pessoas assim são geralmente solitárias e infelizes.

O dito a seguir vale para homens e mulheres. Disse o Profeta (S):

"Um homem desposa uma mulher por quatro motivos: pela riqueza, pela boa linhagem, pela beleza, ou por sua religiosidade. Pois bem, procura a que tem religiosidade, e alcançarás a felicidade" (Mutaffac alaih – JV – 247:364).

Um bom remédio para pessoas autocentradas pode ser o casamento. O casamento ensina a compartilhar. Ter filhos também ajuda a quebrar o autocentrismo. O centro das atenções passa a ser o filho. Ressalte-se que a natureza do homem é autocentrada. É egoísta. Todos querem ser o "número 1". Por isso, doar-se aos outros não é algo natural. Disciplinar-se a se doar aos outros é aprender a fazer o que não é natural.

E você, é autocentrado? Você dirige seu veículo como se a rua fosse toda sua? Você fica aborrecido quando os outros motoristas não lhe dão passagem? Quando dirige, reclama dos erros dos outros motoristas e não gosta que façam o mesmo com você? Abandone o autocentrismo. Uma boa maneira de começar é servindo ao próximo. Se você estiver a ponto de ter uma crise nervosa, saia de casa e ajude um necessitado. Isso traz grande alegria. Experimente!

Liderar com autoridade, servindo aos outros e satisfazendo suas necessidades legítimas é gratificante, proporciona muita alegria. Mude o seu ponto de vista e lembre-se: a definição de insanidade é continuar a fazer o que você sempre fez, desejando obter resultados diferentes.

Diz um provérbio chinês: "Uma jornada de 200 quilômetros começa com um simples passo".

Segundo Publílio Siro, escritor latino: "De nada vale aprender bem se você deixar de fazer bem".

Você deve estar se perguntando: mas por onde começar? Ora, comece com uma escolha. Arrisque-se mais. E lembre-se das sábias palavras do já citado André Gide: "Novas terras não serão descobertas sem que se perca a praia de vista por um longo tempo".

Não receie descobrir novas terras. O físico escocês Alexander Graham Bell escreveu: "Nunca ande pelo caminho traçado, pois ele conduz somente até onde os outros já foram".

Mude agora, comece agora, pois o tempo corre. Não espere e reflita sobre as palavras do escritor irlandês George Bernard Shaw, que em seu leito de morte, ao ser perguntado sobre quem gostaria de ser, respondeu: "Gostaria de ser a pessoa que eu poderia ter sido e nunca fui".

Gandhi conclamou "a ser a mudança que você mais deseja ver em seu mundo".

Disse o meu Mestre (S) que estamos todos percorrendo um extenso caminho e que, durante o percurso, paramos rapidamente debaixo de uma árvore para descansar e buscar energia para continuar. Essa pequena parada sob a sombra da árvore é a vida que vivemos neste mundo.

Ouvi certa vez que antes de um rio cair no oceano ele treme de medo. Olha para trás, para toda a jornada, os cumes, as montanhas, o longo caminho sinuoso através das florestas, pelos povoados, e vê à sua frente um oceano tão vasto que entrar nele nada mais é do que desaparecer para sempre. Mas não há outra maneira. O rio não pode voltar. Ninguém pode voltar. Voltar é impossível na existência. Você pode apenas ir em frente. O rio precisa se arriscar e entrar no oceano. E somente quando ele entra no oceano é que o medo desaparece. Porque só então o rio percebe que não se trata de desaparecer no oceano, mas de se tornar o oceano, fazer parte de algo muito maior.

Mude, cresça, faça o melhor. Doe-se!

Louvado seja Deus, Senhor do universo.

Índice remissivo

A
A cobra e o vaga-lume 59/60
A verdade e a parábola 119
Arcanjo Gabriel (AS) e a essência da religião 47

C
Califa Omar (R) e a construção da mesquita 46
Califa Omar (R) e o fardo de cada um 73
Casa de Abraão 26

D
Diana Frances Spencer 79

F
Faraó Paprisees Amare 52

G
Gabriela Mistral 72/87
Gamal Abdel Nasser 85/127

J
Jesus Cristo (AS) e a última ceia 48

M
Martin Luther King Jr. 35
Mohandas Karamchand Ghandi 84

N
Napoleão Bonaparte e o exemplo 113

O
O barqueiro e os dois remos 89
O bezerro e a trilha 66
O casal, a vidraça e a vizinha 119/120
O cientista e seu filho 97/98
O discípulo e o arroz 75/76
O fácil, o difícil e o impossível 131/132
O leão e os búfalos selvagens 138

O médico e a faxineira 52
O mestre e o real valor das coisas 76
O mestre testa os seus discípulos 99/100
O príncipe e a flor da honestidade 101/102
O príncipe e os sons da floresta 95
O rei e a porta de ferro 28
O rio e o oceano 144
O sonho do sultão 118
O teste das três peneiras 120
Olavo Bilac e o sítio do amigo 106
Os dois lobos 128

P
Pregos atrás da porta 103

R
Rafik Bahaa Edine Hariri 65

U
Uma ilha perdida no Atlântico 137
Uma marcenaria diferente 107

Y
Yusuf Islam (Cat Stevens) 63

Anexo

Personalidades citadas na obra

Abraham Maslow	01/04/1908 - 08/06/1970
Albert Einstein	14/03/1879 - 18/04/1955
Albert Schweitzer	14/01/1875 - 04/09/1965
Alexander Graham Bell	03/03/1847 - 02/08/1922
Alexandre, o Grande	20/07/356 a.C. - 10/06/323 a.C.
André Gide	22/11/1869 - 19/02/1951
Aristóteles	384 a.C. - 322 a.C.
Baruch Spinoza	24/11/1632 - 21/02/1677
Benjamin Franklin	17/01/1706 - 17/04/1790
Bhaktivedanta Swami Srila Prabhupada	01/09/1896 - 14/11/1977
Buda (Siddhartha Gautama)	565 a.C. - 488 a.C.
Charles Chaplin	16/04/1889 - 25/12/1977
Charles Robert Darwin	12/02/1809 - 19/04/1882
Dale Carnegie	24/11/1888 - 01/11/1955
Fernando Pessoa	13/06/1888 - 30/11/1935
Gabriela Mistral	07/04/1889 - 10/01/1957
Galileu Galilei	15/02/1564 - 08/01/1642
Gamal Abdel Nasser	15/01/1918 - 28/09/1970
George Bernard Shaw	26/07/1856 - 02/11/1950
Helena Petrovna Blavatsky	12/08/1831 - 08/05/1891
Herbert Spencer	27/04/1820 - 08/12/1903
Huberto Rohden	30/12/1893 - 07/10/1981
Immanuel Kant	22/04/1724 - 12/02/1804
Jean-Paul Sartre	21/06/1905 - 15/04/1980
Leon Tolstói	09/09/1828 - 20/11/1910
Luís XIV (Louis Dieudonné)	05/09/1638 - 01/09/1715
Martin Luther King Jr.	15/01/1929 - 04/04/1968
Max Weber (Emil Maximilian Weber)	21/04/1864 - 14/06/1920
Mohandas Karamchand Gandhi	02/10/1869 - 30/01/1948
Nelson Rodrigues	23/08/1912 - 21/12/1980
Pablo Ruiz Picasso	25/10/1881 - 08/04/1973
Pierre Carlet de Chamblain de Marivaux	04/02/1688 - 12/02/1763

Pierre-Jules Renard	22/02/1864 - 22/05/1910
Pitágoras de Samos	571 a.C. - 497 a.C.
Platão	427 a.C. - 347 a.C.
Publílio Siro	85 a.C .- 43 a.C.
Rafik Bahaa Edine Hariri	01/11/1944 - 14/02/2005
Sigmund Freud	06/05/1856 - 23/09/1939
Simone de Beauvoir	09/01/1908 - 14/04/1986
Sócrates	470 a.C. - 399 a.C.
Vilfredo Pareto	15/07/1848 - 19/08/1923
Walter Lippmann	23/09/1889 - 14/12/1974
William Marston	09/05/1893 - 02/05/1947

Referências bibliográficas

AL FARUQUI, Isamil Raji. *At Tauhid (o monoteísmo)*: suas implicações para o pensamento e a vida. Tradução Samir El Hayek.

ALCORÃO. El Sagrado Coran. Tradução para a língua espanhola: Ahmed Abboud e Rafael Castellanos. Centro Islâmico de Venezuela/Valencia.

ALCORÃO. O Alcorão. Tradução Mansour Challita. Rio de Janeiro: Associação Cultural Internacional Gibran.

ALCORÃO. *O significado dos versículos do Alcorão Sagrado*. Tradução Samir El Hayek. 11. ed. São Paulo: Marsam Editora Jornalística Ltda., 2001.

ALCORÃO. *Tradução do sentido do Nobre Alcorão*. Tradução Helmi Nasr. Colaboração da Liga Islâmica Mundial em Makkah Nobre. Impressão Complexo do Rei Fahd.

ARBEX JR, José. *Islã: um enigma de nossa época*. São Paulo: Moderna, 1996.

ARMSTRONG, Karen. *Maomé: uma biografia do Profeta*. Tradução Andréia Guerini, Fabiano S. Fernandes, Walter C. Costa. São Paulo: Companhia das Letras, 2002.

BAKER, Mark W. *Jesus, o maior psicólogo que já existiu*. Tradução Claudia Gerpe Duarte. Rio de Janeiro: Sextante, 2005.

BÍBLIA. Bíblia Sagrada: Nova Versão Internacional. Traduzido pela Comissão de Tradução da Sociedade Bíblica Internacional. São Paulo: Editora Vida, 2001.

BLANCHARD, Kenneth; JOHNSON, Spencer. *O gerente-minuto*. Tradução Ruy Jungmann. 26. ed. Rio de Janeiro: Record, 2005.

CARNEGIE, Dale. *Como fazer amigos e influenciar pessoas*. Tradução Fernando Tude de Souza. 50. ed. São Paulo: Companhia Editora Nacional, 2002.

CASTRO, Ruy. *Mau humor: uma antologia definitiva de frases venenosas*. São Paulo: Companhia das Letras, 2002.

COVEY, Stephen R. *Os 7 hábitos das pessoas altamente eficazes*. Tradução Alberto C. Fusaro, Márcia C. F. Fusaro, Claudia Gerpe Duarte. 24. ed. Rio de Janeiro: Best Seller, 2005.

CURY, Augusto Jorge. *Nunca desista dos seus sonhos*. Rio de Janeiro: Sextante, 2004.

DRUCKER, Peter F. *Desafios gerenciais para o século XXI*. Tradução Nivaldo Montingelli Jr. São Paulo: Pioneira Thomson Learning, 2001.

GOLEMAN, Daniel. *Inteligência emocional*. Tradução Marcos Santarrita. Rio de Janeiro. Editora Objetiva, 1995.

HUNTER, James C. *O monge e o executivo*. Tradução Maria da Conceição Fornos de Magalhães. Rio de Janeiro: Sextante, 2004.

JOHNSON, Spencer. *Quem mexeu no meu queijo?*. Tradução Maria Clara de Biase. 33. ed. Rio de Janeiro: Record, 2002.

JOMIER, Jacques. *Islamismo: história e doutrina*. Tradução Luiz João Baraúna. Petrópolis, RJ: Vozes, 1992.

MANDINO, Og. *O maior vendedor do mundo*. 27. ed. Tradução P. V. Damásio. Rio de Janeiro: Record, 1968.

MARINS FILHO, Luiz A. *Socorro! Preciso de motivação*. 6. ed. São Paulo: Harbra, 1995.

MAXWELL, John C. *Segredos da liderança*. Tradução Valéria Delgado. São Paulo: Mundo Cristão, 2003.

MOHAMAD, Aminuddin. *Mohammad: O Mensageiro de Deus*. Centro de Divulgação do Islam para a América Latina. WAMY – Assembleia Mundial da Juventude Islâmica.

MUSSAK, Eugenio. *Metacompetência:* uma nova visão do trabalho e da realização pessoal. São Paulo: Gente, 2003.

NASR, Helmi. *Dicionário Árabe-Português*. São Paulo. Publicado pela Câmara de Comércio Árabe Brasileira, 2005.

NAWAWI, Abu Zakaria Yahia Ibn Charaf. *O Jardim dos Virtuosos*. Tradução e adaptação Samir El Hayek, revisão Sheik Ali Abdouni. São Bernardo do Campo, SP: Marsam Editora Jornalística Ltda.

O'CONNOR, Joseph; SEYMOUR, John. *Introdução à programação neolinguística:* como entender e influenciar as pessoas. Tradução Heloísa Martins-Costa. São Paulo: Summus, 1995.

OLIVEIRA, Adriano Henrique (org.). *1000 Pensamentos de personalidades que influenciaram a humanidade*. São Paulo: DPL Editora, 2004.

QUIN, Robert E. *Mude o mundo*. Tradução Marcelo Dias Alamada. São Paulo: Mercuryo, 2003.

RIBEIRO, Lair. *Comunicação global:* o poder da influência. Belo Horizonte: Leitura, 2002.

RIBEIRO, Lair. *O poder da imaginação*: você programa a sua vida. Belo Horizonte: Leitura, 2002.

ROCHA, Alfredo. *Compre esta ideia:* melhore sua vida usando a motivação. São Paulo: Gente, 1998.

SHARMA, Robin S. *Quem vai chorar quando você morrer*: 101 lições de *O monge que vendeu sua Ferrari*. Tradução Deise Tintore Pioli. Campinas, SP: Verus Editora, 2005.

SHINYASHIKI, Roberto T. *O sucesso é ser feliz*. São Paulo: Gente, 1997.

YENNE, Bill. *100 homens que mudaram a história do mundo*. Tradução Roger Maiole. São Paulo: Ediouro, 2002.

ZARABOZO, Jamaal Al-Din M. *A mensagem do anjo Gabriel para a humanidade: os fundamentos do Islam*. Tradução Mônica Botafogo. Rio de Janeiro: Azaan, 2002.

MATRIX